長野県市町村区分

JN055423

人口 (2019年4月1日)
2,052,033人 (全国16位)
面積 (2018年10月1日)
13,561.56 km² (全国4位)
市町村数 (2019年4月1日)
77 (全国2位)

令和版 やさしい長野県の教科書 地理

北信

長野県北部に位置し、善光寺の門前町として発展した長野市のほか、千曲川・裾花川流域に市街地は発展している。なお信越国境は日本有数の深雪地帯となっている。

往生地から見た冬の長野市街地。長野市は長野県の政治・経済の中心地であり、善光寺の門前町として発展した。（長野市）

信越国境を蛇行して流れる千曲川。新潟県から信濃川と名を変え、流路367kmを誇る日本最長河川である。（栄村）

柵層と呼ばれる海底の砂や泥が堆積してできた信州新町柳久保川右岸の地層。（長野市）

「田毎の月」として知られる姥捨の棚田。日本棚田百選にも選定されている。（千曲市）

樽滝は、千曲川支流の樽川にあり、発電所建設により一時は消滅した。しかし、地元などの強い要望により１年に一度だけ水を流し、幻の滝が姿を現すようになった。（木島平村）

県指定天然記念物となっている戸隠神社奥社の杉並木。（長野市）

紅葉の名所として知られ、戸隠
連峰を湖面に映す鏡池。（長野市）

そばの花咲く戸隠。戸隠そばは、
修験者が携行食糧にしたと伝えら
れる。（長野市）

全国から参拝者を集める善光寺。檜皮葺
き、撞木造りの幽玄な建築物で、本堂
は国宝に指定されている。（長野市）

東信

長野県東部に位置し、日本有数の寡雨地帯（かう）でもある。冷涼な気候を利用した高原野菜の一大産地でもあり、避暑などのリゾート地としても注目されている。

長野県最大の観光地である軽井沢の旧軽銀座。通りには土産店やレストランが建ち並び、にぎわいをみせている。（軽井沢町）

火山活動が活発な世界有数の活火山・浅間山。標高 2568m で火山噴火と山体崩壊を繰り返し、現在の姿となっている。（小諸市）

長野県川上村、埼玉県秩父市、山梨県山梨市の境にある甲武信ヶ岳（こぶしがたけ）に源を発する千曲川は、長野県東北信地方を流れる大動脈となっている。（上田市）

レンゲツツジの名所として知られる湯の丸高原は、浅間・烏帽子火山帯に属し、6月下旬には美しい花が咲き乱れ、国の天然記念物に指定されている。（東御市）

浅間山の伏流水が滝となった白糸の滝。落差3m、幅70mに及び、幾筋もの清水が流れ落ちて美しい景観を見せている。（軽井沢町）

1625年（寛永2）に北国街道の宿場として開設された海野宿。江戸時代の景観をよく残し、重要伝統的建造物群保存地区に選定されている。（東御市）

手織りの伝統が
残る上田紬。（上
田市）

国宝大法寺三重塔はその美し
さから見返りの塔と呼ばれて
いる。（青木村）

塩田平で行われる雨乞いの祭り、岳
の幟。国の重要無形民俗文化財に指
定され、その起源は室町時代にさか
のぼるとされる。（上田市）

ゴールデン・ウィークの
風物詩となっている佐久
バルーンフェスティバ
ル。（佐久市）

中信

長野県の西側に位置し、糸魚川ー静岡構造線が南北に走る。北アルプスをはじめとする日本屈指の山岳リゾート地でもあり、山麓には安曇野など豊かな田園地帯が広がっている。

北アルプスの白馬三山と雪解け水が流れる松川。（白馬村）

穂高岳直下の涸沢カール。大きなくぼ地は、氷河の侵食によって削り取られた日本最大規模といわれる氷河地形である。（松本市）

条線土と呼ばれる氷河地形の構造土である。土層中の石が、水分の凍結・融解でふるいわけられ、傾斜により線状にたまったと考えられる。（大町市）

唱歌「早春賦」（そうしゅんふ）に歌われた安曇野の春。長野県最大の穀倉地帯となっている。（安曇野市）

姫川右岸にたたずむ青鬼（あおに）集落。集落の背後には棚田が広がり、重要伝統的建造物群保存地区に選定されている。（白馬村）

わさび田は、いくつかの河川が合流する扇状地の扇端部にあり、豊富な湧水を利用している。（安曇野市）

松本城は典型的な平城で、日本でも数少ない天守閣が現存する城として国宝に指定されている。（松本市）

中山道四十二番目の宿場である妻籠宿は、町並み保存の先進地で国の重要伝統的建造物群保存地区に選定されている。（南木曽町）

木曽の伝統的技術による曲物の面桶づくり。（塩尻市）

松本平に古くから伝わる七夕人形。江戸中期以前から伝えられ、軒下につるして飾り、ほうとうや果物、野菜などを供える。（松本市）

南信

長野県南部に位置し、諏訪湖を源流とする天竜川流域を中心に発展している。中央アルプス、南アルプスがそびえ、愛知・静岡県境では「民俗の宝庫」ともいわれる独自の文化を築いている。

木曽駒ヶ岳に残る氷河地形の千畳敷カール。氷河の侵食よってできた谷地形がはっきりと残り、夏の高山植物や秋の紅葉を目当てに多くの観光客が訪れる。（駒ヶ根市）

長谷にある中央構造線の露頭で、西側は内帯と呼ばれ、白い岩石は花崗岩。東側は外帯でかつては海であったため、貝や石灰岩が見られる。（伊那市）

八ヶ岳南西麓に広がる富士見町・原村は、山浦地方と呼ばれ、セルリーなどの高原野菜や花の栽培が盛んである。（富士見町・原村）

「天下第一の桜」と評される高遠城址公園の
コヒガンザクラと中央アルプス。(伊那市)

上村下栗は「日本のチロル」ともいわれ、
標高 800 m を超える山間地に民家や耕
地が点在している。急傾斜地ではあわ、
きび、茶が栽培されている。(飯田市)

天竜峡は、比高差 200 m に及ぶ深い渓谷
で、天竜川の両岸には奇岩怪石がそびえ
国の名勝に指定されている。舟下りでは、
四季を通し自然美を堪能できる。(飯田市)

豊作を願う新野の雪祭り。毎年1月14日から15日にかけて行われ、国の重要無形文化財に指定されている。（阿南町）

旧暦11月（12月）の霜月に行われる遠山郷の霜月祭り。面をつけて舞う幽玄な湯立神事を一目見ようと多くの観光客が訪れる。（飯田市）

毎年8月15日に行われる諏訪湖の花火大会。50万人の見物客が訪れる全国有数の花火大会で、諏訪の夏を彩る風物詩となっている。（諏訪市）

目次

Ⅰ 長野県の自然環境

Ⅱ 長野県の産業と生活

Ⅲ　地域から見た長野県

Ⅳ 日本の中の長野県

凡例

・本書は、長野県の地理を「長野県の自然環境」「長野県の産業と生活」「地域から見た長野県」「日本の中の長野県」の4章に分けて紹介しました。

・本書に使用しました用語・用字や地名など特別な表記がある場合を除いて、一般的な名称としました。

・本書の表記につきましては、読者の利便性を勘案して、日本地理学会などで使用する表記と異なる場合があります。

・本書に収録しましたデータなどは、できるだけ最新のものを使用しましたが、編集作業中に公表されたデータについては反映されていない場合があります。

I
長野県の自然環境

氷河によってできた千畳敷カール（駒ヶ根市）

第1章 地形

◀北アルプスの稜線
（常念岳から北方
を望む）

1. フォッサ・マグナと日本アルプス

①本州を横断するフォッサ・マグナ

　長野県は北東方向に伸びる東北日本と西南方向に伸びる西南日本の接点にあたり、日本列島の中でも南北幅がもっとも広い地帯に位置している。県の西部・南部には高くて険しい3000m級の日本アルプスが南北に連なっている。南東部から北部にかけては関東山地や上信火山帯の2000m級の山々が連なっていて、「日本の屋根」と呼ばれている。

　山地を侵食して深い谷を形成した中小河川は、やがて合流して姫川、犀川、千曲川、天竜川、木曽川などの大きな流れとなり、その流域に段丘や氾濫原（洪水で氾濫した際に侵食を受けたり土砂が堆積したりする低平な土地）を形成して、日本海や太平洋に流れている。侵食や堆積により川は変化のある景観をつくり出すが、地形の形成にはこうした水の働きだけ

でなく、気候の変化や断層運動など
さまざまな作用が関係している。特
に盆地群や山脈などの大きな地形
は、広範囲な地殻変動によってつく
られている。

　フォッサ・マグナ(Fossa Magna)
はラテン語で「大きな地溝帯」を意味
する。静岡県から山梨・長野・新潟
県にまで及ぶ日本最大の大地溝帯
（2つの断層線にはさまれた陥没し
た地域）を指し、かつては海であっ
た。1875年（明治8）、日本に招か
れたドイツの地質学者エドムンド・
ナウマンが、帰国後の1885年に出

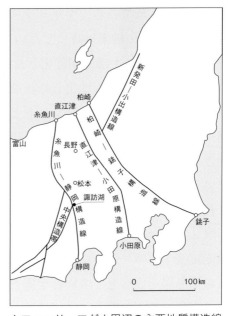

▲フォッサ・マグナ周辺の主要地質構造線
　（山下 1970 をもとに作成）

版した『日本群島構造論』の中で命名した。ナウマンが考えたフォッサ・マ
グナの範囲は、新潟県糸魚川から大町、松本、諏訪を通って静岡へと至る
糸魚川―静岡構造線と直江津―小田原構造線にはさまれた地帯であった
が、現在では柏崎―銚子線と新発田―小出構造線を結ぶ線を東縁とする説
など、いくつかの説がある。

　糸魚川―静岡構造線より西の基盤となる地質は古生代(5.4億年～2.5億
年前)や中生代(2.5億年～6500万年前)の古くて硬い堆積岩類や花崗岩な
どの火山岩類である。一方でフォッサ・マグナ地域の地層は新生代の新
第三紀(2303～258万年前)の海成層(海で堆積した地層)で、海底火山の
噴出物や礫岩・砂岩・泥岩などの軟質の堆積岩からなる。層の厚さは最深
部で1万m以上に及び、クジラや貝などの海洋生物の化石が多く含まれ、
陸成の層からはゾウなどの化石も出土している。

　標高が1500～2000mに達する山地は、地殻変動によって堆積層が隆

起し、形成されている。フォッサ・マグナ地域にあった海は中新世（2303
〜530万年前）の後半以降はしだいに南北に退き、第四紀（258万年前〜現
在）の前半までに大部分が陸化した。さらに更新世中期（70〜13万年前）
には急激に隆起して山地化した。これは鮮新世（530〜180万年前）後半
以後に太平洋プレート（プレートとは地球の表面を構成する硬い岩板で大
陸や海洋堆積物をのせながら互いに押し合ったり離反したりしている）の
動きが活発化して、東西方向に強い圧縮力が働いたことによると考えられ
ている。この変動によってフォッサ・マグナ内の地層は激しく褶曲した。

②長野県の活断層

　フォッサ・マグナ地域には、多くの活断層が発達している。活断層とは、
第四紀後半以降に地震を起こし、今後も活動する可能性がある断層をいう。
この活断層を震源とする地震が過去に繰り返し発生している。また活断層
では今後も地震が発生する可能性があると考えられるため、政府は阪神淡

◀日本列島付近のプレートの境界

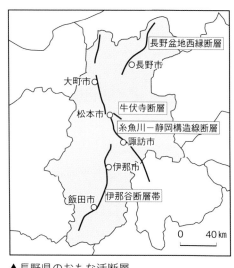

▲長野県のおもな活断層

路大震災を契機に、全国の活断層の調査を開始した。長野県内にも多くの活断層があるが、なかでも糸魚川－静岡構造線（大規模な断層を構造線と呼び、牛伏寺断層を含む）、長野盆地西縁断層、伊那谷断層は活発に活動しているとされている。

　2011年（平成23）3月11日、東北地方の太平洋沖を震源とするマグニチュード9.0の巨大地震が発生した。その翌日未明に、栄村横倉の直下でマグニチュード6.7の地震が発生した。また、同年6月30日には、松本市芳川の直下を震源とするマグニチュード5.4、震度5強の地震が発生している。いずれも東日本大震災に誘発された地震とみられるが、活断層の多い長野県では、地震に対する警戒が常に必要である。

　糸魚川－静岡構造線は、新潟県糸魚川市から姫川に沿って南下し、大町・松本・諏訪を経て、山梨県西部から静岡市に伸びる本州の中央部を横断する大断層である。総延長140～150kmのほぼ長野県の範囲が活断層帯で、県内ではもっとも活動している断層とされている。構造線に沿って四ヶ庄盆地（白馬盆地）、松本盆地、諏訪盆地、甲府盆地が並んでおり、これら盆地の西縁は山岳地帯と標高差2000mに及ぶ急な崖で接している。糸魚川－静岡構造線は盆地の西縁より東側の盆地内を通っていると見られ、構造線の両側では地形や地質が大きく異なっている。

　長野盆地西縁断層は信濃川断層帯ともいわれ、長野市から飯山市、新潟県小千谷市に至る総延長80kmの断層帯で、長野市から飯山市にかけては、特に活断層の分布密度が高い。1847年（弘化4）に起こったマグニチュード7.4（推定）の善光寺地震はこの活断層が震源となっている。おりしも善光寺御開帳と重なり、全国からの多くの参拝者が犠牲になった。調査により、この活断層では善光寺地震と同規模の地震がほぼ950年ごとに起きているとの調査結果が出ている。

　伊那谷断層は、天竜川に平行して、辰野町から阿南町に至る。天竜川に沿う段丘は、かつては天竜川が形成した典型的な河岸段丘と考えられてい

たが、調査により活断層によって
できたものであることがわかっ
た。

③日本アルプスの誕生

　「日本アルプス」の名は、1881
年(明治14)に大阪造幣局のイギリ
ス人技師ウィリアム・ガウランド
が『日本案内』という本の中で最初

▲上高地を流れる梓川（中央が乗鞍岳）

に使用している。その後、1888年に来日したイギリスの宣教師ウォルター・
ウェストンは、飛騨山脈や赤石山脈を踏破し、帰国後『日本アルプスの登山
と探検』（1896年）を刊行した。この本の中で日本アルプスの美しさを広く
海外に紹介した。

　日本アルプスは日本列島の中央部にあって、南北に少しずつずれなが
ら雁行する飛騨、木曽、赤石の３つの山脈を指す。1906年日本山岳会は
それぞれを北アルプス、中央アルプス、南アルプスと呼ぶことにした。
3000mを超える高峰は中央アルプスにはないが、北アルプスに10峰、南
アルプスでは13峰を数える。それぞれは独立の山脈で、構成する地質が
異なるにもかかわらず、激しく隆起して高い山地となったという点で共通
性がある。隆起は現在も継続しており、南アルプスの中心部では年間4mm
の隆起が観測されている。北アルプス北部や中央アルプスでは花崗岩が山
地となっており、上部を覆っていたとみられる厚さ数kmの地層はすべて侵
食されている。このように日本アルプスは急激な隆起と激しい侵食によっ
て誕生した山で、第四紀になってからの隆起量は最大で2000mに及んだ
と考えられている。

　これら３つの山脈は独自の特色と共通性をもっている。山頂部には、最
終氷期（およそ7〜1万年前）に山岳氷河によって形成されたカール（圏谷
と呼ばれる氷河によって谷頭部にできた椀状の谷）が、その下流部には谷

▲上高地の大正池と北アルプス（松本市安曇）　▲中央アルプスの千畳敷カール（駒ヶ根市赤穂）

氷河が集合して形成されたU字谷がある。また2500m以上の高山帯の植生は丈の低い潅木となり、高山植物のお花畑や、凍結融解の繰り返しによってできた周氷河地形が見られる。

　北アルプス（飛驒山脈）の特色は、非対称山稜の形成や標高1500〜2000mにある火山の存在である。非対称斜面とは、北アルプスの東側は風下の斜面となっているので吹き溜まりの積雪が西斜面より多いため、カールなどの氷食地形が発達して急斜面をなし、一方で風が強い西側は積雪が少なく、比較的緩傾斜になっていることを指す。また北アルプスには乗鞍岳、焼岳、立山、白馬乗鞍岳などの第四紀の火山が南北に配列している。

　中房川以北はおもに花崗岩や、溶結凝灰岩（火山噴出物が高温のまま自重で固まった硬い岩石）などの火成岩で構成され、以南は中・古生層で構成されている。穂高連峰は安山岩類とそれを噴出させたマグマが冷えて固まった花崗岩からできている。ここで露出している花崗岩は約140〜130万年前にできた世界でももっとも新しい花崗岩であることから、急激な隆起はそれ以降に起きたと考えられている。北アルプスはかつて低い山地であったが、鮮新世後期（約350万年前）以降に火山活動や隆起が盛んになったことが、周辺の盆地や平野に堆積した礫や火山灰から明らかにされた。

　氷食を受けた鋭い岩峰や岩壁、梓川や高瀬川、黒部川などの中流部の深い峡谷は、北アルプスのシンボルでもある。上高地は1915年（大正4）梓

▲南アルプスの山々

▲平坦な北アルプス山稜

川上流部が焼岳の噴火で堰き止められて形成された特異な地形であり、毎年多くの登山者が訪れている。

中央アルプス（木曽山脈）は、北部以外はほとんどが花崗岩となっていて、周囲の断層運動により隆起した地塁山地である。中央アルプスの木曽側と伊那側の山麓線に沿って活断層（第四紀以降に活動している断層）が並走している。山頂部には木曽駒ヶ岳の千畳敷カールをはじめとする氷河地形が多く見られる。伊那谷や木曽谷からの比高は2000m以上に及び、幅は狭いが急峻な山脈となっている。周辺の堆積物から中央アルプスが急激に隆起したのは70万年前以降とみられている。

南アルプス（赤石山脈）は、古生代・中生代の堆積岩で構成され、地層を褶曲させる地殻変動によってできた褶曲山脈であり、火山はない。非火山ではもっとも高い北岳（3192.4m）をはじめ、3000m以上の高峰は多いが、侵食されやすい岩質のためになだらかな山容となっている。森林限界が高いので緑も多く、幅も広くて奥深い山脈である。山地は中央構造線に沿う谷によって、西側の伊那山地と分けられる。この中央構造線は中央高地から九州へと縦断する1000kmに及ぶ大断層で、中央構造線に沿う南北の谷は、人工衛星写真でもはっきりと識別できる。

このように日本アルプスは、侵食された低平な山地が鮮新世以降に急激な隆起と侵食を繰り返して3000m級の山地になった。プレート理論では、太平洋プレートの動きが変化して、日本列島が東西方向に強く押されるよ

うになったために、第四紀を中心に山地が急激に隆起したと考えられている。隆起には部分的にマグマの上昇も関わっているとみられている。

2. 火山と高原

◀乗鞍高原（松本市安曇）

①火山山麓に広がる高原

　長野県には八ヶ岳をはじめ上信火山帯や北アルプスの火山、飯縄山や黒姫山など県北部の妙高火山群など多くの火山がある。現在でも活動している火山としては、浅間山や焼岳がある。それら火山の噴出物に覆われる土地は長野県全体の3分の1に及んでいる。

　多くの火山はフォッサ・マグナ地域や北アルプスに集中するが、北アルプスの火山列は中・古生層からなる上に噴出しているので、山頂高度が高い。北アルプスでは古い火山の噴出物からなる山峰も多い。鮮新世後期から第四紀の初めにかけて穂高岳付近を中心とした火山から噴出した大量の噴出物は、岐阜県高山市付近では50〜100mの厚さに堆積している。現在北アルプスやフォッサ・マグナ地域で見られる火山はせいぜい数十万年前以降に形成された新しいものである。こうした新しい火山の中には焼岳のような溶岩ドーム状のものや、霧ヶ峰のような楯状火山（アスピーテ）もあるが、ほとんどは富士山のような成層火山（コニーデ）で広い裾野や火山麓扇状地を形成している。

　火山山麓の標高が高く、広範囲に平坦な地形面を残す場所は「高原」と呼

9

ばれ、農業用地や観光地として利用されている。「高原」という用語は、島崎藤村が1912年（大正1）に出版した『千曲川のスケッチ』の中で使っている。また明治末期の外国人向け絵はがきにはすでに「Karuizawa Plateau（軽井澤高原）」と書かれている。さらに1918年に下高井郡会議長が県知

■ コラム　御嶽山爆発と長野県西部地震 ■

　1979年（昭和54）10月、死火山と思われていた御嶽山が突然爆発した。付近一帯は降灰で白くなり、農作物も大きな被害を受けた。火山灰は季節風や偏西風により、群馬県や東京都まで達した。

　1984年9月、王滝村を震源地とする長野県西部地震が発生した。マグニチュード6.8の直下型地震で、5日間にわたって170mmという大雨で地盤がゆるんでいたことが重なり、大規模な土石流が発生し、死者29名を数える大惨事となった。

　2014年（平成26）9月27日、御嶽山が7年ぶりに噴火し、死者58名、行方不明5名という戦後最悪の火山災害となった。

▲長野県西部地震での王滝村中心部の被災状況

▲御嶽山の爆発（1979年10月28日）

▲御嶽山（2014年9月27日）

事にあてた陳情書の中では「志賀高原」の名が登場する。かつての山林原野の多くは、第二次世界大戦後には高原として観光開発されている。

②観光地化する高原

　澄んだ空気、美しい風景や自然を求めて人びとは、信州の高原を訪れる。高原観光で知られる**軽井沢高原**は、浅間山南麓の標高1000m前後の広大な緩斜面に開かれた避暑地である。何度かの浅間山の噴火によって大量の火山灰が積もり、火砕流の堆積によって、広いシラス台地（軽石質の白色堆積物からなる台地で南九州が典型）が形成された。軽井沢の開発は、カナダ生まれの英国国教会宣教師アレキサンダー・クロフト・ショーが、1886年（明治19）大塚山の麓に民家を借りて避暑したことに始まる。明治20年代には外国人向けに高原野菜の栽培も始まり、かつての避暑地も今では年間700万人以上の観光客が訪れる国際観光都市となっている。

　八ヶ岳山麓の**富士見高原**は大正時代、**蓼科高原**は昭和初期から別荘地として開発が始まった。八ヶ岳西南麓に位置する富士見高原には縄文時代中期の遺跡が多く、大正期に結核療養所が開設されている。1960年代半ばからは本格的なリゾート開発が行われた。一方、蓼科高原は温泉と山と渓谷美を有する日本の先駆的なリゾート地である。1963年（昭和38）、**霧ヶ峰高原**に通じるビーナスラインが開通し、開発にいっそう拍車がかかった。霧ヶ峰は平らな楯状火山の台地で、**八島ヶ原湿原**がある。第二次世界大戦

▲浅間山と山麓の軽井沢町・御代田町

▲ニッコウキスゲが咲く霧ヶ峰高原（諏訪市）

中から戦後にかけて、水田用温水溜め池として設けられた白樺湖や女神湖周辺は急速に観光地化し、蓼科高原一帯は一大高原リゾート地へと変貌した。

県北部に位置する志賀高原（山ノ内町）は新第三紀層の山地上に噴出した火山群と、多くの

▲菅平高原のラグビー合宿（上田市真田）

堰止湖が点在する美しい高原である。地元長野電鉄や長野県の力を受けて、温泉と火山地形を活かしたスキー場開発を進め、長野オリンピックではアルペンスキー競技会場となるなど長野県を代表する観光地へと発展した。

木曽駒高原（木曽町）は、中央アルプス山麓の自然を活かし中京圏のリゾートとして、第二次世界大戦後に開発された。

一方、農地として開発されたが、のちに観光地化された高原もある。野辺山原から佐久にかけての八ヶ岳東麓は、八ヶ岳の広大な火山麓扇状地で、戦後満州からの引揚者によって開拓された。この高原を走る小海線は全国のJR駅の中で標高の高い駅を8位まで独占しており、標高最高駅（1345m）の野辺山駅一帯は厳しい気候を克服して、日本有数の高原野菜の栽培地へと変貌した。現在では夏の涼や新鮮な高原野菜を求めて、多くの観光客が訪れる高原リゾートとなっている。

木曽の御岳高原は御嶽山南麓一帯の総称である。御嶽山は長い活動期をもつ火山で、その膨大な噴出物は田の原の溶岩台地をはじめ広大な緩斜面を形成している。火山灰は遠く北関東にまで達している。山麓の観光開発は、1960年代半ば以降に始まった。近くの開田高原ははくさいやそばの産地として知られる。長野県屈指の高冷地であるため、江戸時代には稲がよく育たず水田でひえが栽培されていた。家畜の糞尿を肥料とするために木曽馬が飼われ、馬が家族同様に大事にされてきた。

▲開田高原（木曽町開田）

▲美ヶ原高原の台地面（松本市）

　四阿・根子火山麓の菅平高原は高原野菜の産地であり、スキーや夏のラグビー、サッカー合宿の拠点ともなっている。高原の開発は江戸末期の開拓に始まるが、1883年に北信牧場が開設されたことが農業の発展や観光開発につながった。ここも農業と観光が共存している例である。

　日本アルプスやフォッサ・マグナ地域の雄大な眺めを楽しむことができる美ヶ原高原は明治期から牧場経営がされている。菅平高原同様に牧場としての利用が最初である。標高2000mの美ヶ原高原は溶岩が第三紀層を覆った平坦な台地であり、北アルプスや筑摩山地の展望台になっている。霧ヶ峰まで続く平坦な地形面は、西側山地から見るといっそうはっきりする。自然景観に優れた高原は人気が高く、訪れる観光客も多い。

3. 河川に沿う盆地や丘陵

①盆地をつなぐ千曲川

　山梨県境の甲武信ヶ岳に発した千曲川は佐久・上田・長野・飯山などの盆地群を流れて県境の丘陵地帯に至っている。新潟県に入ってからは「信濃川」と名前を改めて日本海に注ぐ。全長367kmの日本第一の長河であり、侵食・運搬・堆積を繰り返して、盆地や平野の形成に関わっている。

　千曲川上流の川上村では小盆地を形成し、数段の河岸段丘を発達させながら八ヶ岳東麓と関東山地の境を流れ、佐久市臼田町で佐久盆地に出

▲千曲川上流部（小海町）

▲平安時代の洪水砂層が発掘された石川条里遺跡（長野市篠ノ井）

る。八ヶ岳は火山活動を始めた130〜120万年前以後に、噴火や山体崩壊、土石流を繰り返し、広大な山麓斜面を形成した。東麓では堰き止めによって湖が何度もでき、湖に堆積物がたまった湖成層が見られる。今に残る小海や海尻、海ノ口、海瀬などの地名は、この湖と関係している。

　888年（仁和4）には、天狗岳と稲子岳の東斜面が大崩壊を起こして千曲川を堰き止め、凹地には松原湖ができた。そのとき千曲川が決壊して流された洪水砂は長野盆地南部まで及んだ。当時の水田面が約10cmの砂層で覆われていることが、上信越自動車道工事の発掘で明らかにされた。

　佐久盆地は北側の浅間山南麓斜面と西側の御牧ヶ原・八重原台地、関東山地に囲まれた凹地に形成された盆地である。千曲川は浅間山の噴出物に押されて御牧ヶ原側に流路をとるが、狭窄部（河川が狭く深い流路を形成するところ）を抜けると、進路は北西に変わる。右岸には烏帽子火山群に属する急傾斜の火山麓扇状地が、上田盆地にかけて連続する。

　上田盆地の西部は塩田平と呼ばれる低平な盆地と、千曲川に向かって傾斜する右岸の数段の段丘面からなる。市街地は段丘面上に広がり、条里制遺構水田（古代の土地区画）も残る。上田盆地一帯には、第四紀に新旧の湖

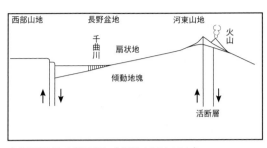

▲長野盆地の断面図（赤羽1994 ほか）

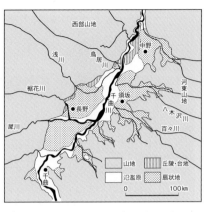

▶長野盆地の地形（赤羽1994 ほか）

が広がっていたことがわかっている。塩田平からはオオツノジカやナウマ
ンゾウの化石も発見されている。

　上田盆地は岩鼻で狭まり、長野盆地と隔てられている。千曲川は坂城
広谷を形成して隆起山地を横切り、千曲市の八幡付近で流れを北東方向に
変える。長野盆地はここから中野市まで、北東方向に紡錘状に約40km（飯
山盆地も含めると60km）にわたって広がっている。

　長野盆地は東西の扇状地と氾濫原からなる。西側は犀川丘陵から運ばれ
た大量の土砂が犀川、裾花川、浅川の緩傾斜扇状地を形成している。長野
盆地の千曲川は900分の1から1000分の1程度のゆるやかな勾配で蛇行
して流れ、氾濫原に自然堤防や後背湿地などの微地形をつくっている。か
つて氾濫原は洪水の常襲地帯であったが、現在は河岸に築かれた堤防に
よって洪水から堤地内は守られている。人びとは古代から、高低の差など
微地形の違いを上手に使い分けて、氾濫原に適した土地利用を続けている。

　長野盆地東部の山地は千曲川の東にあるので河東山地と呼ばれる。標高
2000m前後の河東山地は、西斜面は激しく侵食されているが、稜線部に
は第四紀の火山が噴出してなだらかな地形である。西部山地は中新世まで
は深い海であったが、しだいに北に海が退き、更新世には隆起して丘陵地
となった。北部の丘陵上には第四紀の後半になって飯縄、黒姫などの火山
が噴出した。西縁部の断層帯では地震も多く、1847年（弘化4）の善光寺

▲白根火山群と浅間山

▲東頸城丘陵の河岸段丘（飯山市柄山）

地震では盆地から西部山地にかけて大きな被害を受けた。このときにできた断層崖が長野市篠ノ井小松原などに残っている。

　千曲川は立ヶ花で丘陵地に穿入、蛇行しながら飯山盆地に出る。上今井（中野市）ではかつて洪水時の盆地域への湛水を軽減するため、河道を直線にして水を流れやすくする瀬替工事が明治初期に行われた。飯山盆地では活断層や褶曲運動よって形成された小丘陵が両岸に並ぶ。低平な盆地をゆったりと流れた千曲川は、市川谷（飯山市・野沢温泉村・栄村）において河岸段丘を形成する。この段丘上の東頸城丘陵（関田山地）山麓は日本有数の深雪地帯となっている。

②松本盆地と犀川丘陵

　松本盆地は筑摩山地（犀川丘陵）と北アルプスにはさまれて、南北50kmに及び、南部で幅が広がる長野県最大の盆地である。北アルプスの砂礫を運び出した梓川、高瀬川など大小の河川は明科付近で合流して犀川となり、犀川丘陵を流れ下って長野盆地に至る。梓川以北の平地は安曇野と呼ばれ、長野県有数の稲作地帯になっている。大部分が扇状地であるため、扇端以外では水不足に悩まされたが、開削された堰が張り巡らされて水田地帯に変わった。扇端部では北アルプスの豊富な湧水を利用したわさび栽培が盛んである。

▲梓川扇状地（松本市梓川・波田）

▶筑摩山地と北アルプス（長野市信更町）

　松本盆地は中心部の沖積地を除けば大部分が扇状地からなる。北アルプス山麓では扇状地の発達が著しく、山麓線に沿って奈良井川、鎖川、梓川、鳥川、乳川、高瀬川などの扇状地が互いに接して複合扇状地を形成している。南部では丘陵地と鉢盛山西麓に急傾斜の小扇状地が発達する。松本市街地の中心となる南東部では、薄川・女鳥羽川・田川扇状地の末端が山地側にやや入り込んだ場所で集合し、小盆地を形成している。

　松本盆地は北アルプスから下る斜面と東縁断層を境に隆起した東部山地との間にできた凹地に、両側山地から運ばれた砂礫が堆積して形成された。縁辺部の台地上には古い扇状地礫層があり、中央部には砂礫層が厚く堆積している。東縁部の直線的な山麓線のやや西側には活断層群が走っており、その東側は標高700〜1000m前後の平坦な山頂部（一帯に残る平坦な地形面を大峰面と呼ぶ）を連ねる山地となる。これは水内丘陵または犀川丘陵と呼ばれる。なだらかな丘陵を形成しており、筑摩山地の北西側に位置している。犀川は、この丘陵地を蛇行しながら長野盆地に流れ下る。

　筑摩山地東部は犀川丘陵よりも早く隆起したが、地層はほとんど褶曲しておらず、著しく褶曲する犀川丘陵とは対称的である。両地域は激しく侵食を受けており、軟らかい地層が侵食され、硬い砂岩部や火山岩などが残丘として残るケスタ地形（ゆるい斜面と急な崖が交互に続く地形）が見られ

▲ケスタ地形の聖山と西条盆地（筑北村西条）　　▲諏訪湖を望む（諏訪市）

る。長野―松本線に沿っては麻績、西条、会田などの筑北の小盆地が並ぶ。

③天竜川が結ぶ諏訪盆地と伊那盆地

　諏訪盆地のシンボル諏訪湖の標高は759mである。諏訪盆地は岡谷から茅野にかけての沖積地と八ヶ岳南西麓の広大な扇状地からなり、生活域のほとんどが準高冷地と高冷地に属する。周辺の水はすべて諏訪湖に集まり、天竜川によって太平洋に運ばれる。

　諏訪盆地は糸魚川―静岡構造線の横ずれ断層運動によってできた構造盆地で、諏訪湖も断層運動で形成されたと考えられている。糸魚川―静岡構造線が諏訪地方では西に傾いており、このため東西からの応力が斜めに働き、断層が横ずれを起こす。諏訪盆地はこの横ずれ断層間で伸張力が働き、地形が陥没してできたとされる（プルアパートベイズン）。

　諏訪湖はもっとも深いところで7m、盆地底には砂泥が300m以上堆積している。諏訪盆地はしだいに沈下し、土砂や腐蝕土の堆積を繰り返してきたため、地盤が軟弱で地盤沈下に悩まされるところが多い。地震での揺れも大きく、防災上の課題となっている。花粉分析の結果では、諏訪湖にある砂泥の堆積が始まったのは20万年前以後とされており、場所によっては1万年に30m以上沈下している場所もある。盆地底にも複数の断層が走り、場所により沈下速度が異なっている。

　盆地北西部の鉢盛山から塩嶺峠につながる緩傾斜の山地が、松本盆地との境となる。諏訪湖の西岸には直線的な断層崖が連続し、断層崖の西には

▲伊那盆地と三峰川扇状地（伊那市与地）　▲断層崖と田切地形（飯島町与田切川）

塩嶺峠から伊那盆地の北部と守屋山西麓にかけて、標高1000〜1100m
前後の平坦な山地が広がる。この山地は火山噴出物からなる隆起山地である。一帯の火山活動は、諏訪盆地一帯を堆積物で埋め尽くしただけでなく、流れ出した火山泥流は、下伊那地方を中心とする初期の伊那盆地に広く堆積している。

　釜口水門を出た**天竜川**は、西側の山地を横断して辰野からは伊那盆地を流れる。伊那盆地は中央アルプスと南アルプスにはさまれ、南北約80km、幅5〜10kmと細長い盆地であるため、地元では**伊那谷**とも呼ぶ。長野県の中ではもっとも早くできた盆地で、南端を区切る下條山地が隆起して、その北側に盆地が誕生したのはおよそ200万年前と考えられている。盆地の形成には南アルプスと中央アルプスの隆起運動も関わり、天竜川とその支流は、両山地から大量の砂礫を運び出して盆地面を形成した。天竜川左岸には、**三峰川**と天竜川の合流地点に形成された三峰川扇状地(六道原一帯)以外に大きな扇状地はない。六道原の形成は、含まれる火山灰から10万年より前であったことがわかっている。小渋川との合流地点までの盆地幅はいくぶん狭まるが、南部ではふたたび広がり、竜東（天竜川東部）には典型的な段丘面が発達する。この面は初期の堆積層が侵食されてできた平坦面で、構成する層には諏訪地方から流下した火山泥流堆積物も含まれる。段丘地帯の東側は、丘陵地帯からしだいに高度を上げて伊那山地へと移行する。南アルプスの西麓斜面は、天竜川に向かってゆるやかに傾斜している。

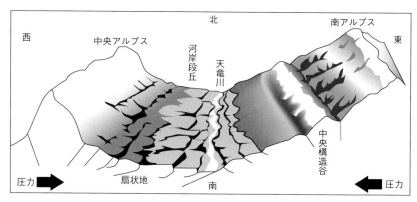

▲伊那盆地の形成　南アルプスブロックと中央アルプスブロックが押し合って伊那谷ができる（松島信幸、1987 他により作成）

　一方で天竜川の西側には中央アルプスの急傾斜面があり、直線的な山麓線で盆地と接している。山麓からは傾斜の大きい扇状地が、天竜川に向かって連続的に張り出している。扇状地は隆起して台地化しており、扇状地を形成した支流が扇状地面をほぼ垂直に侵食して田切地形（扇状地や火山の裾野が侵食されてできた谷底が平坦な谷地形）をつくっている。山麓線沿いと扇状地の中間には、南北方向に複数の活断層が走っており、断層に沿う崖によって階段状の地形ができている。この段丘地形は、かつて河岸段丘と考えられていたが、近年の調査で活断層によって形成されたことが明らかにされた。天竜川と山麓線との比高は200〜300mに及ぶ。

　断層崖をつくっている西側の活断層群は、木曽川に沿う断層群とともに中央アルプスを隆起させる働きをしていると考えられている。隆起は盆地域を含めて今も続いている。中央アルプスの急激な隆起がもたらした大量の砂礫は天竜川を東に押しやっているが、急な西側の地形とゆるやかな傾斜となる東側の地形が非対称なのは伊那盆地の特徴でもある。

④平原を削って流れる木曽川

　木曽川は、中央アルプス（木曽山脈）と御嶽山がある隆起した山地の間を、狭くて深いV字谷を形成して流れている。かつての木曽郡（旧西筑摩郡）に

▲河岸段丘（木祖村笹川）

◀ 阿寺断層と北側の隆起準平原（中津川市坂下）

▶断層地形（木曽町大桑須原）

は、犀川水系となる奈良井川流域の旧楢川村（塩尻市）や、梓川流域の旧奈川村(松本市)も含まれていた。ほとんどは急傾斜地で、木曽川やその支流沿いの河岸段丘や土石流でできた小扇状地のわずかな平地を交通と生活の場としていた。地質的には西部の御嶽火山噴出物、王滝川以北の中・古生層とその変成岩、それ以南の中生代火山噴出物と花崗岩地帯からなる。

　中央アルプスの西麓には木曽川に沿う活断層群が走っており、上松町の風越山西麓から南にかけては、ケルン・コル(断層鞍部)とケルン・バット（断層丘陵）の断層地形が見られる。中央アルプス北部では木曽駒ヶ岳や将棊頭山の西斜面が木曽駒高原などの山麓扇状地と急崖で接し、扇頂部との比高は1500mに及ぶ。木曽川との比高は2000mを超える。

　一方、西麓の断層とほぼ直交する活断層も走る。権兵衛峠から境峠を通り焼岳に通じる境峠断層に沿っては、木祖村や旧奈川村に見事な河岸段丘が発達する。木曽南部では、旧山口村から付知町（ともに岐阜県中津川市）方向に伸びる阿寺断層を境に、木曽側が数百ｍ隆起し、標高1400〜1600mの隆起準平原（海面近くで形成された小起伏面が平坦な面を残した

まま隆起した地形）を形成する。御嶽山から一帯を眺めると、南西方向に伸びるゆるやかに傾斜した地形面の広がりが観察できる。木曽川と支流はこの準平原を激しく侵食して、濃尾平野に流れ下る。

4. 地形・気候による自然災害

　長野県の地形は大きく見ると、山地と盆地からなる。山地や盆地周辺には多くの活断層が走っている。現在の地形は、地盤の動きと水の働きと火山活動によって形成されたといっても過言ではない。活断層と火山活動はプレートの動きと関わりがあるとされているが、大きな起伏は地殻変動や侵食の激しさを物語っている。この起伏の大きさは地質条件や気象・気候条件、植生などのさまざまな条件と関わり、災害を引き起こす要因ともなっている。

　長野県全体では、20度以上の急傾斜地が50％以上を占める。このため地質条件や降水量ともあいまって各地で土砂崩落が起きている。20度以下の中程度の傾斜地で、第三紀層（約6500～258万年前）の軟らかい泥岩や凝灰岩が分布する地域では地すべりが多発する。犀川流域、姫川流域の小谷村、天竜川流域の阿南町などは地すべりが特に多い地域である。また断層で地層が破砕されている場所でも地すべりがよく起きている。

　火山灰が厚く堆積しているところでは、大雨によって大規模崩落が起きることがある。1911年（明治44）には小谷村の稗田山が大崩落を起こして姫川を堰き止め、来馬集落を埋没させた。1981年（昭和56）には上信火山帯の根子岳山腹が崩落して山麓集落を襲い、10人の命を奪った。1847年（弘化4）の善光寺地震で岩倉山が崩壊して犀川を堰き止

▲稗田山の土石流災害跡（小谷村来馬）

め、いっきに決壊して下流の飯山にまで及ぶ洪水被害をもたらしたように、地震が引き金となって傾斜地が崩壊して大災害をもたらすこともある。

　天竜川は「暴れ天竜」の異名があるほど、たびたび洪水を引き起こす。1961年に起きた三六災害はその代表的なもので、梅雨前線による集中豪雨で死者130人、浸水戸数1万2000戸の大災害であった。特に大鹿村では大西山の崩落で55人の犠牲者を出している。伊那地方では、中央構造線やその他の活断層により岩石が破砕されていることや、大雨と急峻な地形が土石流災害の誘引となっている。またダムによる河床の上昇や森林の乱伐も洪水の誘引となっている。

　千曲川や姫川流域では梅雨前線の豪雨や融雪による被害が多い。2019年（令和1）10月に台風19号が東日本を縦断した。長野県でも大雨が降り続き、長野市では千曲川の堤防が決壊し、濁流により人家やりんご園、工場などが浸水し、上田市の鉄橋の一部が崩落するなど各地で大きな被害となった。長野市では市北東部の長沼、赤沼、穂保、豊野で特に甚大な被害となり、篠ノ井や松代なども含めて床下・床上浸水が5086世帯となった。千曲市2101世帯、佐久市638世帯、飯山市613世帯、須坂市318世帯など、全県で9404世帯という大災害になり、死者は5人となっている。

　また江戸中期の1742年（寛保2）の「戌の満水」で死者2800人、1959年の台風で65人の死者と2万戸の床上・床下浸水、1981年の台風で死者11人、床上・床下浸水が8589戸など、千曲川とその流域では水害が頻繁に発生している。

　長野県北部は世界有数の深雪地帯でもある。日本海を流れる対馬海流（青潮）からたっぷり水分を吸収した北西季節風は、北アルプス・妙高火山群など脊梁山地で強制上昇させられ、山麓に大量の雪を降らせる。これが「山雪」で小谷村や栄村などでは雪害が多い。

第2章 気候

◀あんずの里（千曲市森）

1. 内陸性で大きい地域差

　信州の気候は、その複雑な地形のために変化に富み、地域によって際立った特徴がある。長野県は日本列島のほぼ中央に位置し、南北に約212㎞、東西に約118㎞、面積約1万3562㎢に及ぶ、日本で4番目の広大な県である。南北に長いので、気候の型も南北で明確に異なる。北部は日本海側気候、南部は太平洋側気候であり、2つの気候の境目には、長野盆地南部と松本盆地北部とにはさまれたエリアがある。このエリアは北西季節風の強弱により、年によって南北に移動するのが特徴となっている。

　南北の気候の違いは特に冬季に顕著である。たとえば、長野盆地が数十センチの降雪のとき、諏訪盆地や伊那盆地ではカラカラ天気であり、中間の松本盆地では風に小雪が舞い、佐久平では晴れ間がのぞくといった天候の違いは、しばしば体験する。

　南信の飯田周辺では空気が乾燥して、強い風がほこりを立てているころでも、北信の下水内、下高井、飯山市、あるいは中信の北安曇北部など、北の県境一帯では多量の雪が降っていることもある。茶やみかんの栽培さえ可能

な南部、スキーや温泉を楽しむ北部、晴天の多いさわやかな中部と、地域によってこれほど気候が変わる県はないだろう。県境の延長約800km、その周囲は高山で囲まれた、海のない信州ならではの複雑さがある。その気候の特徴をひと言で表現すれば「地域差の大きい内陸性気候」ということになる。

次に信州の気候について、具体的な特徴を挙げてみよう。

▲長野地方気象台にあるサクラの標準木（長野市城山公園）

①平均気温が低い

信州のイメージを都会の人にたずねると、答えの中にはたいてい「寒いところ」というのが含まれている。理由は、信州の平均気温は低く、春の訪れは遅いのに秋の到来は早く、冬は長く、そして厳しく寒いからである。

長野市の1月の平均気温−0.6℃は、都道府県庁所在地では札幌−3.6℃、盛岡−1.9℃、青森市−1.2℃に次ぐ低温である。そのため、たとえば、ソメイヨシノの開花日も遅く、長野、松本の平均がそれぞれ4月14日と12日で、白河（福島県）あたりと同じであり、東京の3月28日に比べて2週間以上の差がある。また、イロハカエデの紅葉日は、長野の平均は11月2日で、新庄（山形県）と同じ。これらは信州の北半分の気候が東北地方と似ていることを示している。さらに標高800m以上の高冷地に至っては、平均気温が北海道並みである。

②気温較差が大きい

気温の年較差と日較差が大きいのも信州の気候の特徴である。較差とは最高と最低、あるいは最大と最小の開きをいう。1年のうち、最暖月と最寒月の平均値の差を年較差といい、1日のうちの最高値と最低値の差を日較差という。

長野における8月の平均気温が25.2℃、1月の平均気温が−0.6℃で、

じつに25.8℃の年較差がある。これは全国47都道府県庁所在地の中でも札幌（25.9℃）に次ぐ大きさである。また、松本25.1℃、飯田24.3℃、軽井沢24.0℃なども、名古屋23.3℃、大阪22.8℃、東京21.3℃などと比較すると、信州の気温年較差が大きいことがわかる。夏と冬との寒暖の差、つまり年較差が大きい場所では、3月下旬以降に気温が急上昇するため、短期間にウメ、あんず、もも、サクラ、りんごなどの花がいっせいに咲くことになる。この春の百花繚乱は信州の気候特徴の産物ともいえる。

日較差が大きいのも際立っている。夏がよい例で、信州では昼の気温が南国並みの30℃を超える酷暑の日でも、最低気温はぐんと落ちて朝晩は涼しくて過ごしやすい。この大きな日較差がみずみずしい東信地方などの高原野菜を育てているのである。

③盆地は降水量が少ない

盆地では降水量が少ないのも特徴である。年間の総降水量を見ると、南信地方を除く、県下の盆地はおしなべて1000㎜以下で、北海道東部に次ぐ寡雨地帯である。長野は932.7㎜、松本は1031.0㎜である。これは温暖少雨で晴天日数が多いのが特徴の瀬戸内式気候である高松1082.3㎜や岡山1105.9㎜などと比べてもはるかに少ない。ちなみに全国47の都道府県庁所在地に限ると、少ない順に高松1082.3㎜、札幌1106.5㎜、福島1166.0㎜などとなり、長野が最少である。東京は1528.8㎜、名古屋は1535.3㎜である（1981〜2010年）。

盆地以外は別である。伊那南部では年間2300㎜を超え、木曽の御嶽山麓では3000㎜以上を記録するが、これらは梅雨や台風がもたらすものである。また信越県境や北アルプスでの降水量が多いのは、降雪量が多いからである。

④日照時間が長い

信州は日照時間が長い。多くの観測地で年間2000時間を超える。松本の日照時間は2098時間、飯田が2018時間で、延岡（宮崎）や足摺岬（高知）など九州や四国地方の日照時間に比肩し、わが国最多日照地帯になってい

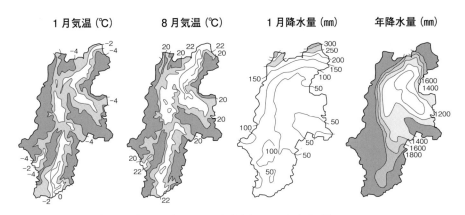

▲長野県における気温と降水量（メッシュ気候図2015より作成）

る（1981 ～ 2010年平均値）。この晴天がりんご、もも、ぶどう、なしなど
の果樹栽培に好ましい影響をもたらし、長い日照が果樹王国信州を支える
一要因となっているのである。

⑤台風が少なく、局地風が多い

　日本アルプスをはじめ関東山地や三国山脈など高い山々に縁取られた信
州は、いわば高い屏風に囲まれた地形にあり、このため風がさえぎられる。
台風が襲来してもこれらの山並みによって、中心部が砕かれ、勢力が弱め
られる。発達した低気圧も同様に弱い風となり、たとえば太平洋や日本海
沿岸地方と比べると、強い風はあまり吹かない。だから信州には台風など
列島規模の大きな風は、まれにしか吹かないのが特徴といえる。

　風の強弱は風速によって決まる。一般に毎秒何メートルの速さで風が吹
いたか、その10分間の平均が「平均風速」であるのに対し、瞬間的に強く
吹くのが「瞬間最大風速」である。風速を測定する1つの方法として、「日
最大風速10m/s以上の日数の月別平年値」がある。秒速10m以上の風が吹
く日は月平均で幾日あるか、ということである。この物差しをあてはめる
と、長野11.4日、松本4.1日、飯田7.0日となり、大都会の東京22.1日、
大阪24.9日などに比べると、けた違いといえるほど信州は風が弱いので
ある（1981 ～ 2010年平均値）。

27

全般に風は弱いといっても、場所によっては土地特有の強風が吹く。局地風と呼ばれるもので、ごく限られた地域に、あるいは季節により、時間により、強く吹く風である。複雑な信州の地形がもたらす風といっていいが、とりわけ大きな谷や川に沿ったところに顕著に表れる。

　次に、「信州の風」を特徴づける局地風を見てみよう。おもな局地風には「山谷風」「フェーン」「おろし（颪）」などがある。

　山谷風は、１日のうちに山頂とふもととの間で交互に吹く風のことである。日中は日照によって山の斜面が熱せられ、斜面に接した空気が軽くなって上昇する。このため、ふもとから山頂へ吹き上げる谷風が起きる。夜間は放射冷却で山頂の気温が下がり、重くなった空気が下降する。山頂からふもとに吹き下ろす山風である。山谷風は信州の多くの山麓で経験する風である。夜明けに山頂を仰ぎ見たとき、くっきりと山容を確認できるのに、日の高い日中には雲で見えなくなる現象はこの山谷風の働きである。ちなみに、海岸地方では同じ理屈で、昼は温度の低い海上から温度の高い陸上へ吹く海風が、夜は反対に温度の低い陸上から温度の高い海上へ陸風が吹く。これが海陸風である。

　フェーンによって春先はカラカラ天気が続き、空気が乾燥する。海上の湿った空気を運んできた風が、信州の縁にある山々にぶつかって、信州の外側は雨となる。このとき乾燥した熱風だけが山を越え、風下の気温は急激に上がるからである。この熱く乾いた吹き下ろしがフェーン現象である。これも季節と密接に関わってはいるが、広義には局地風の一種である。

▲諏訪湖を望む（諏訪市湖岸通り）

　おろしと呼ばれる山から吹き下ろしてくる風がある。全国的には群馬の「赤城おろし」、神戸の「六

甲おろし」などが有名である。信州にも局地風としての、規模の小さなおろしが各地にある。その代表として「諏訪おろし」がある。その研究者には、諏訪中学校にいた三澤勝衛と諏訪二葉高校にいた千田俊明などがいた。特に千田は1959〜68年に諏訪おろしを解明するため風の性質を詳細に調査した。その結果、風速の卓越している時期は2〜5月の西南西の風、3月の東南東の風、全体的に夏以外は西風が強いことがわかった。この西風には2つあり、「塩嶺おろし」は冬から春にかけて吹く北西風で、氷点下30〜40℃の寒冷なシベリア気団から吹き出す。2つ目の「伊那おろし」は伊那盆地からくる南西風で春先に多くの寒気をもたらすものである。そのため諏訪盆地の北西部にある岡谷市・下諏訪町では、屋敷森を備える民家が多く、冬には藁囲いをして風を防いでいる家も見受けられる。

⑥空気がきれい

　信州の平坦地は湿度が低く、空気が乾燥している。特に3〜5月ころには著しく乾燥することがある。真夏でも蒸し暑い日は多くなく、不快指数も海岸地方に比べれば小さいのが特徴である。また、大気中にゴミやチリが少ないので、空が美しい。佐久や木曽地方に国レベルの大がかりな宇宙・天体観測施設が置かれているのも、空気がきれいなためであり、諏訪・岡谷・伊那を中心に電子、精密・計測機器メーカーが集中しているのも同様の理由である。

⑦霧・雷雲が多い

　複雑な地形からいろんな霧がかかるのも特徴である。盆地には放射霧、川沿いの地方には川霧、山地では山霧、あるいは斜面をはい上がる滑昇霧などがかかりやすい。霧といえば東信地方に多いが、特に軽井沢の霧日数は年間平均138日に及び、全国屈指の霧の多さである。開田高原や戸隠などの霧も有名で、この濃霧が名産の「霧下そば」を育む。

　山が多いから雷雲(積乱雲)が発生しやすい。かつて、信州人はこの雷雲におそれと親しみを込めて「信濃太郎」と呼んだ。強い日射が山地を熱し、

雷雲が発達すると、落雷や突風が起きる。特に、信州ではしばしば雹が降り、農作物への被害なども無視できないが、これも雷雲の仕業である。ときにはこの雷雲が関東地方まで伸びて、落雷被害を及ぼすことがある。

■ コラム　浅間の噴煙で天気がわかる ■

「浅間の煙が西になびくと雨」（佐久一帯）
「浅間の煙が直立するか、東にたなびけば晴れ」（南佐久一帯）
「浅間の煙が北西に上がると雨、南に下がると晴れ」（佐久一帯）

　浅間山周辺に住む人びとは、昔から天気を予想するのに浅間の煙をバロメーターにしてきた。その的中率は極めて高いという。それは、浅間山が独立峰であるからである。独立峰は周辺に連なる山がないので、浅間山頂を取り巻く大気の流れは他山からの影響が少なく、大気の流れが噴煙のたなびき方でわかるのである。標高2568mの山頂からの噴煙は、標高3000m以上まで昇る。そのため、煙によって、小規模な局地風だけではなく、季節風や偏西風の方向まで知ることができるという。

　たとえば噴煙が南東や東方向にたなびくということは、風が浅間山の手前から軽井沢方向に吹いているからである。これは大陸方面からの移動性高気圧が張り出してきたためで、このとき天気は晴れとなる。それまで山頂周辺に停滞していた低気圧や前線が通過することを示しており、これにともない悪天候も通り過ぎていくことを意味しているのである。

　逆に西や北からの風で噴煙がたなびくときは、西から低気圧が近づいている証しで、悪天候の兆しだという。

▶噴煙を出している浅間山（軽井沢町塩沢）

2.春

①風が暴れる

　立春が過ぎて初めて吹く、暖かい南寄りの強風を「春一番」という。これは冬型の気圧配置が崩れて、温帯低気圧が日本海上を北東に進むとき、南から湿った暖かい風を呼び込んで、春の訪れを告げるものである。気象庁では「立春から春分までの間で、初めて南寄りの、秒速8m以上の強風が吹き、気温が上昇する現象」としている。春一番は強風、高温、ときには強い雨をともなうため、陸上では雪崩（なだれ）を誘発し、雪解け水で河川を氾濫（はんらん）させ、海上では大シケとなってときには海難事故を起こすなど、自然災害の引き金ともなっている。

　「春の嵐（あらし）」もくせ者である。サクラが咲いたころ、強い雨風が暴れて、一夜にして花を散らすことはよく知られている。これは日本海の低気圧が発達し、寒冷前線ができたために起こるもので、強風をともなう雨、雹（ひょう）になる場合が多い。春の嵐は春一番と同様、しばしば災害の原因となる。

　春一番や春の嵐は山岳地帯を越えると、高温で乾燥した風に変わる。これはフェーン現象と呼ばれる。フェーンがもたらす高温で乾燥した空気は大火の原因ともなる。フェーンによる火災のうち、規模の大きさでは次の

◀飯田大火復興のシンボル・りんご並木（飯田市）

3つは特記すべきものである。まず、1912年（明治45）4月22日の松本市の大火。烈風が全市街の3分の1にあたる1464戸を焼失させた。2つ目は1947年（昭和22）4月20日発生の飯田の大火。同じく市の3分の1にあたる4100棟余を全焼、1万7000人余が被災した。戦後の混乱期で、市民への衝撃はことさらに大きかった。しかし、復興は防火に重点をおき全国的にも注目される都市計画を立て、見事に復旧した。市街地に生まれ変わった名所、りんご並木はこの火災の産物である。3つ目は、1987年4月21日から翌22日にかけて頻発した山火事で、なかでも更埴市（現千曲市）と上田市では民家まで延焼するなど、両市合わせて144人が避難、山林353haを焼いて鎮火した。火災が起きた10日間はほとんどの地点で雨量がゼロで、乾燥しきった状態であった。これらはフェーンの恐ろしさを改めて立証する火災である。

②突然寒くなる寒の戻り

1996年（平成8）4月12・13日。4月というのに飯山で20㎝、長野でも数センチの雪が積もった。松本の最低気温は－4.5℃で、平年気温に比べて14℃も低い日であった。これは信州の上空に強い寒気が入り込み、一時的に冬型に逆戻りしたためである。このように、春になって一時は暖かくなった気候が、ある日突然気温が下がり、寒くなる現象を「寒の戻り」という。

寒の戻りの原因は、日本海上を発達した低気圧が通り過ぎ、シベリアから寒冷前線がやってくるためである。平地でも降雪や降霜、冷温に見舞われ、山岳地帯は大荒れの天候になる。

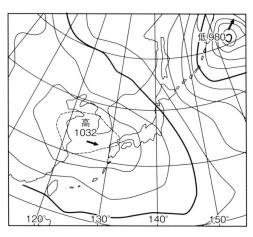

▲ 1996年4月13日、日本の天気図（1996年4月13日付朝日新聞より）

③天気は周期的に変わる

　「春に三日の晴れなし」といわれるように、ゴールデン・ウィークのころの空模様は周期的に変わる。このころの信州の晴天率は40〜50%と高くない。というのは、大陸から移動性高気圧と低気圧とが交互にやってきて、晴れの日と雨の日とを繰り返すからである。その周期はだいたい3〜4日と決まっている。この周期変化は山岳地帯も同様で、入山したときに晴れていても、翌日にはみぞれや雪に変わる。登山初心者には要注意の季節である。

　1965年(昭和40)春、県下の山岳地帯は例年にない積雪であった。5月3〜4日、前日までは晴天だった高山では天候が悪くなり、雪崩（なだれ）の発生もあって、登山者の遭難が相次いだ。この2日間で北アルプスを中心に遭難22件、死者25人という被害が出た。前日の5月2日、台湾東海上で発生した低気圧が発達して、988hp（ヘクト・パスカル）にまで下がって小型台風並みになった。それが北東に進んで、日本列島を襲ったのである。春の連休中の山岳遭難は珍しくはないが、この年に遭難が多発した原因は、春の空模様の周期変化にあったとみられている。

④遅霜（おそじも）に悩まされる

　「寒の戻り」にともなう現象の1つに遅霜（おそじも）(晩霜（ばんそう))がある。遅霜は農業に大きな影響を与える。特に信州の霜害は深刻で、『日本書紀』には「天武11年(682)、信濃の国に霜害があった」として、自然災害の中でもまず霜害を採り上げている記録がある。この霜がおりる原因には2つある。1つは大陸から移動してきた高気圧に覆われ、明け方の放射冷却によって下がるもの。もうひとつは、高気圧が日本の北にかたよったとき、日中は曇りで気温は上がらず、夜半から晴れて霜がおりる場合である。

　「八十八夜の別れ霜」はよく知られたことわざである。八十八夜とは雑節（稲作仕事に合わせた季節の目印）のひとつで、立春から数えて88日目をいい、年によって異なるが5月2日にあたる。全国的には、このころから

あとは霜がおりないので、農作業やお茶摘みを始めるサインとなっている。しかし、高冷地の多い信州では、とてもそのようにはいかないので、「九十九夜の別れ霜」（5月13日ころ）といわれている。

長野地方気象台が1889年(明治22)に観測を始めて以来、長

▲りんご園の防霜ファン（須坂市小河原）

野の平地における平年の終霜（しゅうそう）は4月28日、もっとも遅い降霜被害は5月31日（1981）と記録されている。高冷地ではもっと遅い。たとえば、木曽町開田（木曽郡）では6月20日、王滝村（木曽郡）6月16日、川上村（南佐久郡）6月13日、信濃町（上水内郡）6月12日などである。つまり、信州では九十九夜になっても遅霜（おそじも）があるのである。

信州の遅霜の歴史は古く、深刻である。明治中ごろには養蚕（ようさん）が発達し、桑の栽培も盛んになったが、遅霜で桑が全滅し、飼えなくなった蚕（かいこ）を川に捨てたという話も珍しくなかった。東北信には「九十九夜の泣き霜」ということわざが残されていたほどである。

近年は果樹（かき）、花卉、野菜などへの遅霜被害が深刻である。遅霜対策としては、かつては古タイヤを燃やしたが公害問題となったことから、今は防霜ファンや降霜予想センサーなどが活躍している。多くの果樹園は防霜ファンを取り付けて、上層の暖かい空気と地表付近の冷たい空気とをかき混ぜることで、地表近くの気温を引き上げ、降霜被害の減少に努めている。

⑤春の風物詩・雪形（ゆきがた）

春から初夏にかけて信州で忘れてはならないものに雪形がある。日本アルプスなど高い山々の斜面で、残雪と雪のない山肌とが対比してつくり出す、人や動物などの形が雪形である。黒い山肌から残雪の白が浮き出て形

になったもの、反対に残雪の中に黒い岩肌が突き出して形になったものがあるが、どちらも雪形である。里から見た山の姿、岩肌の形、雪の残る場所は毎年変わることがない。

▲白馬岳の代かき馬（白馬村）

　雪形本来の意義は、地元の農家にとって大切な**農事暦**の役を果たすところにあった。農家は季節の進み具合を正確に伝えてくれる雪形の出現を待って、農作業に着手したのである。有名な雪形は北アルプス白馬岳の代かき馬である。代かきというのは、田植え前に田に水を張り、冬の間に固まった土くれをほぐしたり、荒れてしまった畦（あぜ）の補修をしたりして、田植えができる状態につくり上げる作業である。暖かくなって白馬岳の雪が解け始め、山肌に徐々に代かき馬が現れると、それを合図に農家はいっせいに代かきを始めた。この地方では何百年もの昔から、こうしたことを繰り返してきたのである。

　高山に囲まれた信州にはたくさんの雪形がある。よく知られたものとして、北アルプスでは、種まき爺さん（爺ヶ岳）、シシ・ツル（鹿島槍ヶ岳）、チョウ（蝶ヶ岳）、ニワトリ（白馬乗鞍岳）、子犬（大天井岳）、中央アルプスの種まき爺さん・ウマ（駒ヶ岳）、五人坊主（南駒ヶ岳）、島田娘・シラサギ（宝剣岳）、南アルプスの鬼づら（間ノ岳）、これより低い山々に現れるものとしては、寝牛（ねうし）（黒姫山）、サル（飯縄山）などがあり、その数は40とも50ともいわれている。

　こうした雪形のいくつかが山の名前の起こりになっている場合もある。白馬岳、爺ヶ岳、蝶ヶ岳などはその代表的なものであり、また全国にいくつかある駒ヶ岳にはウマの形が現れるものが多い。近年は雪形に魅せられた人たちが県内外から高山のふもとへ「観察」にきて、独自に新しい雪形を探し、特定しているので、雪形の数は増えるばかりである。

3．夏

①信州の梅雨（つゆ）

　晩春から盛夏にかけて、中国、韓国、日本など東アジア一帯に雨の季節が訪れる。これが梅雨と呼ばれる雨期で、夏至（げし）をはさんで前後約40日間、おおむね6月10日から7月20日までにあたる。梅雨の訪れは年によって異なるが、気象庁が毎年「梅雨に入った（明けた）とみられる」と発表する関東甲信地方の平年日は、入りが6月9日、明けが7月18日である。

　このころの日本を中心とする天気図を見ると、北からオホーツク海高気圧の冷たい気流が吹き下がり、南からは北太平洋高気圧の西端部を占める小笠原高気圧の暖かく湿った気流が吹き上がって、両気流の衝突したところに停滞前線ができる。その規模は、ときにより東のアリューシャン列島から西のベンガル湾にまで達する大きなスケールのものとなるが、規模の小さい年でも、中国大陸から日本列島の東にかけて出現する。これが梅雨前線（ばいうぜんせん）である。梅雨前線は日本付近に停滞、ときには2つの高気圧の強弱に支配されて南北に移動する。梅雨時に雨が多いのは、この前線の上を東進してきた低気圧が次から次へと雨をもたらすからである。こうなると、比較的降水量の少ない信州でも、長い雨の期間が始まる。

　「梅雨冷え（つゆびえ）」といわれる現象がある。これは梅雨のころに現れる低温現象をいう。たとえば、1983年（昭和58）の梅雨は6月12日から26日まで続いたが、この間、長野、松本、飯田の平均気温は平年に比べ1.5〜1.7℃低かった。梅雨冷えである。原因はおもにオホーツク海高気圧の勢力が強く、日本列島に張り出してくるためである。こんなとき、北アルプスなど山岳地帯の気温は氷点下である。信州はちょうど水稲、果樹、野菜などがもっとも生長するころにあたり、低温はその後の収穫に大きな影響を与えることになる。梅雨冷えと似て「梅雨寒（つゆざむ）」という言葉もあるが、これは梅雨期に訪れる、春に逆戻りしたような寒さをいうのである。

梅雨にはどのくらいの降水量
があるだろうか。長野気象台の
データによると、梅雨期の降水
量の年間降水量に占める割合
は、諏訪の25.4%がもっとも
多く、長野の23.4%が最小で
ある。つまり、信州では年間の
ほぼ4分の1の雨が梅雨時に集
中して降っているのである。こ

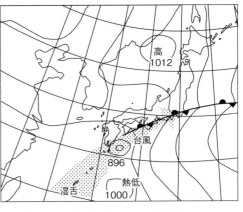

▲1961年6月27日、日本の天気図

の雨が生活用水や農業用水になるので、梅雨は暮らしに不可欠な存在と
なっている。カラ梅雨で、期待どおりの降水量がない年は水稲の生育など
に影響が出る。このようなとき、昔の人は雨乞いの儀式を行った。現在も
毎年7月になると、上田市別所温泉で行われる「岳の幟」は、有名な雨乞い
行事のひとつである。

　梅雨末期には豪雨がやってくることが多い。原因は、南から水蒸気を大
量に含んだ気流や、あるいは台風などがやってきて、日本列島に停滞する
梅雨前線を刺激するからである。このときの天気図を見ると、暖かく湿っ
た気流が大気の下層に流れ込み、上空には寒気がある。この結果、積乱雲
が発達し、スケールの大きい雷鳴とともに集中豪雨が起こりやすい。また、
前線上に舌状に伸びた「湿舌」と呼ばれる現象も起きる。このときも、上空
に寒気があると、集中豪雨が発生しやすくなる。梅雨末期の豪雨は、ほ
とんど毎年のように日本列島につめ跡を残す厄介者である。1961年6月、
伊那・木曽地方を中心に長野県下に空前の豪雨被害をもたらした、いわゆ
る「三六災害」は、南の湿った空気を大量に運んできた熱帯低気圧の仕業で
ある。

　2006年（平成18）7月15〜19日にかけての集中豪雨では梅雨前線が本
州付近に停滞し1時間に20〜30mmの雨が降り続いた。これにより岡谷市、

諏訪市、辰野町、上田市などでは、土砂災害などの大きな被害を受けた。

「降れば災害、降らなければ干ばつ」。梅雨の雨はなんとも思いのままにならないが、入梅から40日前後もすると、梅雨明けとなる。梅雨が明けるには2つの型がある。1つは北太平洋高気圧の勢力が広がって、あ

▲ 2006年7月豪雨による小田井沢川の土石流災害（岡谷市湊）

るいは台風がやってきて、日本列島に停滞していた梅雨前線を北に押し上げる型。この高気圧の勢力が強いときは、前線をサハリンから沿海州を結ぶ線上にまで押し上げる。

もう1つは、オホーツク海高気圧がそのまま暖かい、真夏の高気圧に変わり、梅雨前線は南下したまま消滅する型である。後者の明け方をするとき、日本列島はしばらく、どんよりした蒸し暑い日々が続く。こうして、ようやく梅雨が明けると、日本列島上空は北太平洋高気圧が張り出して、「梅雨明け十日」のことわざどおり、全国的に晴天が10日ぐらい続く。しかし、山の多い信州では上昇気流が活発になり、積雲や積乱雲発生も活発になるので、晴天が続かない。すぐに雷雨がやってきて、晴天はせいぜい3日ぐらい、その翌日は夕立に見舞われるのである。

②信州がさわやかな理由

「さわやか信州」というキャッチフレーズは信州のイメージにぴったりである。特に夏は蒸し暑さが少なく、不快指数も低い。山に囲まれた、内陸部にある信州では、強い日射により局地的にヒート・ロウ（熱的低気圧）現象が生まれ、これに向かって長野県南部では南から、北部では北から風が吹き込む。信州はもともと空気が澄んでいるので、この風が信州特有の「さ

わやかな風」になる。

　夏の暑さを表す代表的な気象
用語として「不快指数」と「真夏
日」とがある。不快指数とは、
蒸し暑さの度合いを示す数値で
ある。たとえば、不快指数85
はその場にいる全員が苦痛を感
ずる不快さ、80は全員不快・
全員発汗、75は半数が不快、

▲観光客でにぎわう夏の旧軽井沢銀座（軽井沢町）

70は一部の人が不快であることを意味する。不快指数が顕著に表れるの
は毎年7月下旬〜8月中旬で、長野地方気象台によると指数80以上の年
間出現日数は、長野12.1日、松本8.4日、飯田9.9日で、避暑地の軽井沢
はゼロである。信州がいかに快適かは、大都会の東京18.2日、大阪22.0
日などと比べてみれば理解できよう。

　真夏日とは、日最高気温が30℃以上を記録する日をいう。平年では梅
雨期の後半から現れるが、統計的には8月を中心に5〜10月に観測され
る。これを年間日数で見ると、長野43.5日、松本43.5日などで、大阪
73.2日、東京46.4日に比べて、真夏日を指標としてみても信州の涼しさ
が理解できる。しかし、信州の本当の涼しさを感ずるのは夜である。1日
の最低気温が25℃以上の夜を「熱帯夜」と呼ぶが、信州にはこの熱帯夜が
ほとんどない。熱帯夜が現れる平年値を見ると、もっとも多い長野で0.6日、
次いで松本0.1日、信州でもとりわけ涼しい軽井沢は当然としても、諏訪、
飯田でもそれぞれゼロである。大阪37日、東京28日、名古屋19日など
と比べても、「さわやか信州」の面目躍如である。

　信州には山、川、滝、湖、高原、森林、牧場、避暑地などが多くあり、
これらひとつひとつが「さわやか信州」の主役となっている。

③雷雲「信濃太郎」の出現

　山国信州では盛んに雷雲が発生するのが特徴である。平地ばかりでなく、山地が強い日差しで熱せられて、激しい上昇気流が起こり、雷雲（積乱雲）が発達するからである。この雲は甲信地方の一部で「信濃太郎」と呼ばれている。雷発生の原理は、積乱雲が電気を帯びる結果、その雲と雲同士の間で、あるいは雲と地表との間で起こる放電現象である。信濃太郎が局地的に豪雨と雷鳴をもたらすことは知られているが、ときには雹を降らせ、突風、強風を巻き起こすことはあまり知られていない。

　平地での雷は雷鳴とともに近づいてくるので、比較的用心しやすいが、恐ろしいのは山岳地帯で不意に襲ってくる雷である。1967（昭和42）夏、北アルプスで登山史上前例のない落雷による遭難があった。8月1日午後1時40分ごろ、松本深志高校の教諭、生徒ら50人のパーティーが雨の中、西穂高岳山頂から下山途中、同岳独標付近の尾根筋の岩場で激しい雷撃に遭遇、生徒11人が即死、生徒9人と一般登山者4人の計13人が負傷した。

　1975年（昭和50）7月24日午後1時40分、中央アルプス駒ヶ岳の大樽小屋下方のカラマツ林を集団下山中の伊那中学校生249人の列へ落雷、1人重体、10人が負傷した。

　高山での雷は水平にあるいは下からも襲ってくるので、上から落ちてく

◀松本深志高校にある西穂高
遭難慰霊碑（松本市蟻ヶ崎）

るばかりの平地でのように、容易に避雷することは難しい。これを避ける
ために、登山者には早朝に出発し、昼ごろまでには次の目的地へ到着する
ような早め早めの行動が要求される。先の2つの遭難も午後1時過ぎの発
生であった。

④凶作の原因となる冷夏

　やってくる夏がいつも暑いとは限らない。北から流れてくる、冷たいオ
ホーツク海高気圧の勢力が異常に強い年は冷夏となりやすい。その年の夏
が冷涼になるのか、酷暑か、それとも例年どおりの暑さなのかは、じつは
直前の梅雨期の天気図が支配しているのである。つまり梅雨前線をはさん
で北南から押し合うオホーツク海気団と北太平洋気団の勢力関係により、
北の高気圧が強ければ冷夏、南が強ければ酷暑となる。

　冷夏で連想されるのは、東北地方に吹く「ヤマセ(山背)」と呼ばれる、冷た
い北東風という地方風である。ヤマセの吹く6〜8月は稲の生長期にあたる
ため、そんな年は、稲は凶作となる。ヤマセが吹く北日本が冷夏で、北太平
洋高気圧が覆う西日本が暑いとき「北冷西暑」という。こんなとき信州では、
標高800mを境にそれより高い山地は冷夏で、低い平地は暑い夏となる。

　1993年(平成5)、全国的に冷夏に見舞われ、信州でも農業を中心に大
打撃を被った。なかでも稲の不作は顕著で、水稲作況指数は例年100前後
であるのに対して、わずか74と農林省(現農水省)が統計を取り始めて最
悪の結果となった。標高1000m以上の水田ではほとんど収穫がなく、長
野県内10aあたりの平均収量は例年580kgに対し、約4分の3の447kgの
不作であった。

　翌1994年の夏は猛暑であった。7・8月の平均気温が長野・松本・諏訪・
飯田で史上最高を記録した。これは太平洋高気圧が平年より早く勢力を強め、
日本を覆ったためである。1993年と94年の夏の気温較差は4〜5℃と両極
端であった。これについて気象庁は異常気象であるとし、異常気象や気候の
変動の原因をエルニーニョ現象や地球温暖化などとしている。

①信州の台風の特徴

　雑節の「二百十日」や「二百二十日」は、立春から数えての日数で、9月1日や9月10日ころにあたる。このころは昔から台風が多く襲来する時期とされている。この台風の正体は熱帯低気圧である。赤道を中心に南北の回帰線にはさまれた気候帯を熱帯というが、このあたりの海上で発生する低気圧を熱帯低気圧という。これが発達すると、激しい暴風雨をともない、世界的規模で被害をもたらすのである。同じ熱帯低気圧でも、日本にやってくるのが台風、北米の大西洋岸やメキシコ湾で暴れるものがハリケーン、インド洋ではトロピカル・サイクロンなど、場所によって呼称も異なる。

　台風は、気象庁では北西太平洋にある熱帯低気圧のうち、中心付近の最大風速が毎秒17m以上の熱帯低気圧のことを指し、17m未満のものを熱帯低気圧と定めている。ちなみに、台風の呼称であるが、明治時代、第4代中央気象台長岡田武松が英語のtyphoonを「颱風（たいふう）」と訳したものである。

　「夏の台風は迷走する」といわれるように、台風の進路はじつに変化に富んでいる。しかし、台風が信州付近を通過するコースが類似している。元長野地方気象台予報官の荒井伊左夫によると、長野県下に関わって進む台風のコースは3つに分類できるという。第1は「北上直撃型コース」。長野県下を南から一直線に北上、直撃する。風、雨ともに強く、甚大な被害をもたらすのが特徴。典型的なのが1959年（昭和34）の7号で軽井沢など東信地方を中心に、死傷者、行方不明者合わせて443人、家屋浸水、田畑流失などたいへんな被害を残した。第2は「西接近型日本海コース」で、北アルプスの西側を北へ直進し、日本海に抜けるもの。台風の中心部が直撃はしないものの、県下では風被害をもたらす、いわゆる風台風となる。同じく1959年の15号（伊勢湾台風）がその典型。第3は「南接近型太平洋コース」。県境のはるか南を西から東へ、つまり本州の太平洋沿岸を東進する

もので、県下は大雨となり、風はほとんど吹かない。その理由は、信州が台風進路の左半円に入り、台風の推力により風力が相殺されるからである。1983年の10号がその典型であり、このときは飯山市常盤の千曲川堤防が決壊し、諏訪湖では

▲五六災害による宇原川の土石流（須坂市仁礼）

異常に増水し、ともに大規模な水害をもたらしている。

　台風襲来で恐ろしいのは、雨による被害である。1981年8月、台風15号の影響で上田、長野など東北信は集中豪雨となり、各地に被害をもたらした。なかでも須坂市仁礼の土石流災害(五六災害)は甚大であった。菅平高原付近において2時間で60㎜の大量の降水を観測、その水が高原北斜面の宇原川(下流は鮎川)に集中して、氾濫した。その結果、およそ10万㎡を超える土石流が発生して、下流の仁礼集落を襲ったのである。死者・行方不明者10人が出て、家屋、畑地なども大被害を被った。

　信州は山岳地帯のため、いったん大雨が降ると、山地に降った雨は谷に沿って中小河川にいっきに流れ込み、氾濫や土砂崩れ、鉄砲水を起こすことがある。それが台風など湿気を含んだ低気圧をともなうとさらに被害が拡大する。

②多い紅葉の名所

　9月も半ばを過ぎると、信州の高山では待ち構えたように紅葉が始まる。ふもとから山頂を目指す春の桜前線とは反対に、紅葉前線は標高の高いところから徐々にふもとへ下りていく。紅葉は、植物の葉が色づくことを総称する。秋がきてカエデ、ウルシ、ニシキギ、バラ、ぶどう、イチョウ、カラマツなど各科の木々の葉が赤や黄色などになって、野山を彩るのを紅

葉と呼んでいる。

　紅葉の原理は、気温が低下して、葉を支える葉柄の基部に「離層」と呼ばれる特定の細胞組織ができると、そこにアントシアニンなどの色素がたまるからである。たとえば、緑の葉が6〜7℃の気温にさらされると、数日後には紅葉や黄葉

▲紅葉美しい小鳥ヶ池（長野市戸隠）

が始まり、3週間ほどあとに色のピークを迎えるのである。一度この低温にさらされたら、あとに高温の日が訪れても、紅（黄）葉化は止めることができないという。それも若い木の葉は徐々に進行していくのに対し、高齢樹の葉ほど早く色づくというから、古い葉は抵抗力が少ないのかもしれない。

　樹木に恵まれた森林県信州には、至るところに紅葉の見どころがある。どこの市町村にも名所があり、紅葉を楽しむ機会に恵まれている。

③霧がもたらすもの

　秋ともなれば、天竜川や千曲川、それに犀川などの川面には霧がかかる。川では水面が暖かいのに、それに触れている空気が冷たければ、霧が発生する。一般に空気中の水蒸気が寒冷気にあって凝結し、湿度が100％以上となったときに水滴となる。そのごく微細な水滴が大気中に浮遊し、煙のように見える現象が霧である。原理的には雲と同じであるが、霧は底部が地表や水面にまで達していることで雲と異なる。

　霧にはいろいろな種類がある。おもなものとして、①川や湖に生まれる川霧や湖霧（蒸気霧）、②山で見られる山霧またはガス（濃霧）、③盆地に立つ盆地霧（放射霧）、④温暖な空気と寒冷前線とがミックスされてできる前

線霧、⑤北方の海面上で見られる海霧(移流霧)などがある。これらのほか
に、現代は工業都市でしばしば問題になるスモッグのような人工的なもの
も含めることもあるようである。

　自然豊かな信州では、至るところで霧を見ることができる。なかでも、
秋になると交通情報で注意を呼びかけている軽井沢周辺の霧は有名で、長
野地方気象台によると、年間平均の霧日数は138日、年の38％に達する
という。ちなみに、視程1km未満のものを霧といい、1km以上はモヤといっ
ている。

　昔から「(川)霧は果実の柿を甘くするに」といわれる。地理学者三澤勝衛
は、「柿は川霧の発生と密接な関係にある」(『風土産業』)と指摘している。
犀川の流れる長野市信州新町下市場から舟場にかけて、また、天竜川沿い
の下伊那郡高森町市田などは有名な柿の産地であるが、いずれも河川沿い
にあり、三澤の説を裏付けている。朝霧の発生しやすい場所は、日照時間
が長く、雨量も少ない。だから、川沿いの段丘では柿がよく実る。

　信州の霧で連想されるのが、「川中島の戦い」である。戦国時代に甲斐の
武田晴信(信玄)と越後の長尾景虎(上杉謙信)とが信濃の領有をめぐって繰
り広げた戦いである。「…その合戦、卯の刻にはじまりたるは、おおかた
越後輝虎の勝。巳の刻にはじまりたるは甲州信玄公の御勝…」とある。こ
れは江戸時代の『甲陽軍鑑』に書かれた1561年(永禄4)9月10日の、合

▲犀川沿いの柿(長野市信州新町下市場)

▲川中島古戦場跡(長野市川中島)

戦の様子である。戦いがまだ霧の晴れない午前6時ころに始まれば、仕掛けた上杉方が有利となって勝ち、10時ころに始まれば霧が晴れて、2倍といわれた兵力で勢力に勝る武田方が勝つという意味である。この霧は、平地の放射霧がおもで、そこに千曲川の蒸気霧が加勢したものであるが、上杉方は早朝の濃霧を作戦に利用したのであろう。

5. 冬

①県北部は「一里一尺」

日本はユーラシア大陸の東岸にあるため、東南アジアから吹く季節風(モンスーン)の影響下にある。夏には海洋からの南西風、冬には大陸からの北西風が吹く。この北西風こそが日本海側に、大量の降雪をもたらすのである。その理由は、①寒冷で乾燥したシベリア気団が進路にあたる日本海上空で大量の水蒸気を吸収し、②この水分を含んだ季節風が、北アルプス、妙高火山群、東頸城丘陵など脊梁山脈にぶつかって、強制上昇させられ、③そのとき、気温が低下して、これらの脊梁山脈の山麓に大量に雪を降らせるのである。

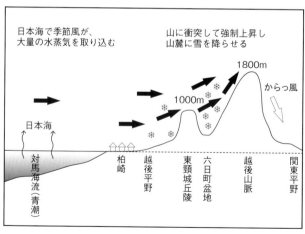

▲日本海側における深雪のしくみ
　▶ JR飯山線森宮野原駅の日本最高積雪の碑（栄村北信）

46

長野県でも特に雪の多い奥信濃や大北地方では、昔から「一里一尺」といわれている。これは、信州から北の信越国境へ向かっておよそ4km行くと、雪は30cmほど多く降っているというものである。これが実証されるのは、北信地方の中野・山ノ内・野沢温泉の市町村境界に立つ高社山（1352m）と、中信地方の大町にある仁科三湖の中綱湖とを結ぶ線から以北の地域である。この地域は信州でも一番の深雪地帯である。たとえば、しなの鉄道北しなの線牟礼駅から北に向かうと積雪量が多くなる。次の古間駅を過ぎるとさらに増える。JR飯山線沿線では、替佐駅から蓮駅へ進むにつれて積雪量が増えていく。国道148号を大町から白馬、小谷へと進んでいくときも、同様に雪の量が増えていく。長野市と北方にある信濃町とは直線距離にして約20kmであるが、両市町の平年の積雪量を比較すると、長野50cmのとき、信濃町は200cmというから、ほぼ「一里一尺」の計算になる。

　深雪地帯には積雪のない地域に比べリスクや苦労がある。たとえば、屋根からの雪下ろしである。これを怠ると、家が雪の重みで潰れてしまうことがある。仮に雪の比重を0.3とすれば、1㎡あたり約300kgの重さになる。建坪30坪（約100㎡）の平らな屋根をもつ家があるとして、そこに100cmの積雪があれば、その重量は30tにもなる。つまり、屋根には大型トラック3台分の重量がのしかかっている計算になるのである。屋根の雪下ろしは、じつはたいへんな重労働である。近年は雪国でも住民の高齢化により、この作業を担う人が少なくなり、ボラティアや役

▲2006年2月の記録的な大雪（飯山市岡山）

場職員が応援している自治体もある。こうしたリスクと苦労を取り除こう
と、昨今の深雪地帯では、土地利用法や民家の建築形態の改良について研
究が進められている。

②山雪と上雪

　信州人は信越国境に降る大雪を「山雪」と呼び、早春のころ県中南部を
中心に、ときには上田方面にも降る雪を「上雪」と呼んでいる。山雪とは、
信越国境の大雪と降雪形態を言い表した言葉である。西高東低の典型的な
冬型の気圧配置のとき、長野・新潟両県境にある脊梁山脈とそのふもとの
市町村一帯は深雪に見舞われる。この世界的な深雪地帯の雪を山雪という
のである。こんなときには県中南部はよく晴れて低温になる。

　一方、上雪が降るときの気圧配置を見ると、東北地方や北海道には高気
圧の張り出しがあり、東シナ海付近に発生した低気圧が本州南岸沿いを東
進し、太平洋側に雪をもたらす配置になっている。この南岸低気圧がくる
と、信州は北部を除き、雪となることが多い。このときの雪が上雪である。
上雪は水分が多く、結晶がいくつも重なりボタンの花びらのように大きな
雪片になるので、ボタン雪とかボタ雪と呼ばれる。しかし、ボタン雪は気
温が高いころに降る雪のため、降雪はやがて雨に変わり、また降った雪も
翌日には解ける場合が多い。

　上雪と山雪の接点は北信と
中信の境にある冠着山（姨捨
山）あたりである。山雪のと
き、松本では晴れているが、
JR篠ノ井線で北へ向かい、冠
着トンネルを抜けると雪であ
る。逆に南に抜けると晴れて
いることなどは、信州人はし
ばしば経験することである。

▲冠着トンネル（千曲市・筑北村）

③予告なしで襲う雪崩

　冬から春遅くまで、山国で暮らす人びとは雪崩に用心しなくてはならない。山の斜面に積もった雪が広い範囲にわたってずり落ちてくる現象を雪崩というが、原因には急にやってくる大量の降雪、気温の上昇、音などの振動がある。雪崩による遭難の特徴は、一度に多くの犠牲者が出る危険があることである。1982年（昭和57）3月21日、八ヶ岳阿弥陀岳の雪崩で12人が遭難したことなどがそれにあたる。

▲涸沢カールの雪崩跡（松本市安曇）

　雪崩には、新しく降った雪だけが、先に積もった雪の上を滑る「表層雪崩」と、新雪も古い雪も区別なく積雪全体が地表を滑って落ちてくる「全層雪崩」とがある。北海道雪崩防止研究会がまとめた北海道、長野、富山の3道県における雪崩についての統計（1925〜1995）によると、発生形態として雪崩事故の97%は表層雪崩であった。

　雪崩遭難を発生させないためには、①大勢の人が同じ斜面に乗らない、②雪崩の危険のある急斜面では、吹きだまり、異常積雪、雪庇などを見定めて、危険の箇所を避ける、③降雪中は吹きだまりに近づかない、特に午前中の気温上昇時には注意する、④過去に雪崩の発生したところや跡があるところには近づかない、などが最低限の鉄則である。

　長野地方気象台では毎年5月になっても、気象情報の中で「雪崩警報」や「雪崩注意報」を出している。それだけ、信州各地には雪崩の危険が潜んでいるのである。

④長野冬季オリンピックの開催地

　1998年（平成10）2月、長野県でオリンピックが開催された。わが国では1972年（昭和47）の第11回札幌大会に次いで2回目の冬季五輪である。

「自然との共存、平和と友好」という基本理念のもとに繰り広げられた長野五輪（第18回オリンピック冬季競技大会）は、7競技68種目、参加国・地域72、参加選手2305人、観客144万2700人を記録、いずれも過去最多の大規模なものであった。開催都市は長野市ではあったが、実際の競技は、長野市のほか下高井郡山ノ内町・野沢温泉村、北佐久郡軽井沢町、北安曇郡白馬村の5市町村で開催された。いずれの地も雪や氷に恵まれており、ウインタースポーツの盛んな地域である。

　過去の冬季五輪開催地が北半球に限られてきたのは気象条件からいって当然である。直前に行われた第17回開催地のリレハンメル（ノルウェー）が北緯61度7分で冬季オリンピック史上最北の開催地であった。それに比べて長野市の位置は北緯36度40分で、史上最南の開催地である。この緯度は、暑いアフリカのアルジェやチュニス、あるいは北米テネシー州ナッシュヴィルとほぼ同じで、低緯度の長野で冬のオリンピックが可能なのか、世界から不審に思われたのも当然であった。しかし、長野県は山国であるため、冬が寒く、特に北部は世界的に見ても屈指の深雪地帯であり、それが大会を可能にしたことは特筆される。

◀長野冬季オリンピック
　ジャンプ競技会場（白
　馬村北城)

■ コラム　諏訪湖の御神渡り

　諏訪湖の冬の風物詩になっているのが、御神渡りである。これは諏訪湖が結氷したときに諏訪大社の上社から下社を結ぶ方向に大音響とともに氷柱がせりあがる現象である。伝説では御神渡りとは、上社男神である建御名方命が下社の女の神八坂刀売命のもとに通う道だといわれている。せりあがった氷が御神渡りかどうかは、八剣神社の神職が判断し、その年の天候や農作物の作況、世の中の吉凶を占う。御神渡りの歴史は、600年前の室町時代の記録は八剣神社にあるが、近年は地球の温暖化のために発生が少なく、1963年（昭和38）から過去50年間に26回、近年では1991（平成3）、1998、2003、2004、2006、2008、2012、2013、2018年に発生している。

　御神渡りはどのようにできるのか。湖の結氷が真冬に厚くなると、夜間の冷却によって氷に接する面の温度が、水に接するより低くなる。そこで空気に接する面の収縮によって表面の氷が不足するので裂け目が生じる。裂け目に水が昇ってきて寒気のために凍る。翌日気温が上昇すると、氷が膨張するが、前夜にできた氷に妨げられて裂け目に沿って氷塊を押し上げる。これが「御神渡り現象」で、ときには2mにも達する氷柱が、上社と下社の間5kmにわたり続く。このような現象はオホーツク海沿岸の道東の塘路湖、屈斜路湖でも見られるが、本州では諏訪湖以外では見られない。

▶御神渡りの神事（諏訪市）

第3章 水資源と暮らし

▲輪中集落の土蔵（長野市牛島）

◀艶三郎の横井戸（伊那市荒井）

1. 水資源と人びとの生活

①多い湧水地や氾濫原

　長野県は内陸性気候のため平坦地の降水量は少ないが、山地を流れ下る河川の数は多い。現在、長野県内の一級河川の数は739あり、その総延長は5111kmに及び、北海道に次ぎ全国第2位となっている。市町村が管理する準用河川の総延長は1970kmで全国第1位にランクされる。

　各地の山麓斜面、松本盆地・長野盆地に広がる扇状地の末端(扇端)や伊那盆地・佐久盆地では段丘を刻む谷頭や段丘崖下などで湧水が見られる。このような湧水をはじめとする水が古来より人びとの暮らしに不可欠であったことは、原始時代からの住居遺跡が物語っている。八ヶ岳山麓にある縄文中期の井戸尻遺跡 (富士見町) では、東側に現在も水が湧き出す「縄文の泉」公園がある。また縄文時代から平安時代に至る集落跡が見られる

平出遺跡(塩尻市)では、「平出の泉」がある。さらに湧水だけでなく、河川の伏流水、氾濫原の後背湿地などを示す「しみず」「ぬた」「やち」などの地名が県内各地にある。そのうちのひとつが「けみ」という地名で、湿地を表し、北の木島平村から松本盆地、南は伊那地方まで「花見」「計見」「毛見」などの地名が見られる。湿地という土地条件を表す地名が信州に非常に多いのは、そのような土地条件をもつ場所が多いというだけでなく、先人たちにとって重要な意味をもっていたということであろう。

　その他、水の豊富な地域として、諏訪湖に流れ込む上川・宮川などがつくった三角州がある。また長野盆地では、千曲川右岸には牛島集落(長野市)のように輪中集落が見られる。近年の土地改良事業が行われる前まで、後背低湿地には胸までつかるような湿田があった。

②近世からの乏水地の開発

　湧水や伏流水などのある山麓・扇状地末端・氾濫原などの豊水地に対して、丘陵・台地面・扇状地の扇央部などの乏水地においては、いかに水を確保するかが大きな課題であった。信州の85％は褶曲山地や火山、あるいはその山麓地であり、平地は15％ほどにすぎない。その平地の性質も各盆地によって大きく異なる。「低地」は河川水や地下水などの水が得られやすい。反面、「丘陵地」や「台地・段丘」の割合が多いほど乏水地が多いということである。乏水地

▼長野県各地域の地形（平地）面積割合

（単位％）

市・郡名	低地	台地・段丘	丘陵地
飯山・下水内	49	47	4
中野・下高井	53	41	6
長野・上水内	60	29	11
須坂・上高井	36	64	0
千曲・埴科	79	21	0
南佐久	29	65	5
小諸・佐久・北佐久	16	68	17
上田・東御・小県	32	64	5
大町・北安曇	53	46	1
安曇野	30	70	0
松本・塩尻・東筑摩	46	54	0
木曽	39	61	0
諏訪・茅野・岡谷	67	30	4
伊那・駒ヶ根・上伊那	21	75	4
飯田・下伊那	29	60	11

（「山地」「斜面」を除いた「低地」「台地・段丘」「丘陵地」を100％とした。『長野県土地改良史』より作成）

である佐久盆地・伊那谷・安曇野では、これらの乏水地の割合が高く、歴史的に水を得るための幾多の困難を克服しながら、現在のような居住地や農耕地を拡大していった。近世以降の用水開発が行われた佐久の五郎兵衛（ごろべえ）新田用水、伊那の伝兵衛井筋（でんべえいすじ）、安曇野の拾ヶ堰（じっかせぎ）などは代表的な用水である。このような用水堰の開発にはそれぞれの盆地特性が背景にあった。

■ コラム　水の豊かな松本 ■

　松本の中心市街地は女鳥羽川（めとば）、薄川（すすき）、田川などの複合扇状地からなり、その扇端部にあたるため湧水は豊富である。そのため松本の旧市街地には「源智の井戸」（げんち）をはじめ、「槻井泉神社の湧泉」（つきいずみ）「女鳥羽の泉」など多くの湧水がある。

　なかでも「源智の井戸」は、井戸の所有者であった小笠原氏の家臣・河辺与平左衛門源智に由来して名づけられ、松本に城下町が形成される以前からあったと伝えられる。歴代の城主からも手厚い保護を受け、今なお多くの市民が水汲みに訪れている。こうした湧水は生活用水としてのほか、豆腐・こんにゃく・菓子製造や酒醸造用などにも使われている。

　1960年代に始まった松本市の区画整理事業では、伊勢町通りに親水スポット（しんすい）を設けて、湧水を利用したまちづくりに活用している。

◀源智の井戸（松本市中央）

2. 農業用水

▲奈良井川からの拾ヶ堰取水口(松本市島内)　▲三峰川の霞堤^{かすみてい}（伊那市伊那部）

①古代から始まった水利事業

　信州の農業開発は古代から中世にかけて、まずは盆地内の沖積低湿地で始まったと考えられ、その痕跡が発掘された条里制遺構水田跡に見られる。条里制とは古代の土地区画制度で農地を碁盤目状に分けたもので、水田が多かった。長野県の条里制水田跡は上田盆地、長野盆地、松本盆地など、灌漑用水が得られる扇状地の扇端や段丘崖下の湧水、河川用水の利用可能な地域がほとんどであった。たとえば長野盆地における屋代条里制遺構水田では、屋代市街地から雨宮集落に至る千曲川右岸に形成された自然堤防上とその背後の有明山に囲まれた後背低湿地にかけて条里制遺構水田が見られる。これは沢山川と滝川の水、また湧水を利用してきたことを表している。

　さらに時代が下ると、山間の地域でも豊富な湧水と比較的平坦な地形に恵まれる地すべり地域や、盆地内においては小規模な渓流灌漑が行われた。

　本格的な農業開発は、河川の治水・利水の技術が進展した近世になってからである。大規模な水利開発によって、自然状態の河川を見ることはほとんどできなくなった。本来河川は扇状地上や氾濫原において大洪水のたびに流路を変えてきた。これらの河川に本格的な治水事業が始まったのは、中世末の戦国時代からである。もちろん現在のように河川に沿って延々と

続く連続堤防の建設によって、洪水を堤外地（堤防と堤防に囲まれた河川敷のこと）に閉じ込めるものでなかった。現在のような連続堤防は大正時代以降に建設された、いわゆる「内務省堤防」である。江戸時代の治水工事は、洪水の勢いをゆるめ、ある程度は堤内地へ水をあふれさせる「霞堤」であった。その堤防の規模は小さく、高低も低いので、大洪水を防ぐことができなかった。

　このように治水工事技術の進展があった近世初期には、信州における農業用水路の開削や溜め池の建設も進んだ。しかし全国的に見れば、すでに大河川下流部の沖積平野の本格的な開発が各地で行われているのに対して、山地によって多くの地域が分断されていた信州で開発された用水や新田は規模が小さく分散的であった。これは現在でも同様であり、1997年（平成9）の土地改良区運営実態調査によれば全国の「水路延長／農地面積」が76m/haに対して、長野県では105m/haであり、農地面積に対して水路延長が長い。これは非効率的な農業水利が多いことを示している。

② 優れた用水開発技術

　江戸時代の「郷村帳」によれば、当時の佐久郡の石高が1647年（正保4）から1834年（天保5）にかけて、1.57倍に増加している。この時期、信濃国全体の増加は1.33倍だったからその増加率は他郡より大きい。この佐久郡の生産量の向上に大きな役割を果たしたのが、用水路開削による新田開発であった。佐久郡の新田は大小60あまりを数えることができる。なかでも規模が大きい五郎兵衛・御影・塩沢・八重原などの新田はいずれも17世紀半ばに開発されている。佐久盆地の野沢・中込・桜井・岸野などは千曲川の沖積扇状地である。これに対して、佐久地方北部の岩村田・中込原・小諸・御代田は浅間火山のシラス台地（火砕流が堆積した台地）で、御牧ヶ原や八重原などの洪積台地とともに乏水地になっている。そのため近世初期の農業用水路や溜め池の設置は、このシラス台地や洪積台地で多く行われた。これらの場所は中世まで開発されずに残されただけに、その開発は

▲蓼科山を源流とする五郎兵衛用水路の築堰（つきせぎ）（佐久市甲）

▲温水溜め池としてつくられた女神湖（立科町）

困難で、地形・地質条件を克服することが必要であった。そのため御影新田では遠く浅間山麓の千ヶ滝（せんがたき）に、また塩沢新田・八重原新田では蓼科山深（たてしな）くに水源を求めた。その結果、塩沢堰・八重原堰では水路の延長が50km を超え、その測量・建設技術や水を求める先人のエネルギーに驚嘆させられる。現在、塩沢堰・八重原堰に関しては1972年(昭和47)に完成した「県営御牧ヶ原農業水利改良事業」により用水路の改良や統合がなされたほか、温水溜め池として女神湖が造成され、より効率的な用水の利用がされている。

　安曇野では、扇状地の傾斜に沿って流れる用水路はすでに古代・中世に多く開発されていた。しかし、まだ広大な山林原野が残されていた。これらを開発するために新たに中央アルプスにその源がある奈良井川（犀川水系）の水を利用する試みが17世紀初頭から行われ、これらの用水路は横堰（よこせぎ）と呼ばれた。横堰には矢原堰（やばらせぎ）・勘左衛門堰（かんざえもんせぎ）などがあるが、なかでも最大のものが18世紀初頭に完成した拾ヶ堰（じつかせぎ）である。この用水路は奈良井川にその水源を求めるために標高570mの等高線に沿って設けられている。途中梓川を越え、すでに開発されている縦堰（たてせぎ）を横断している。堰の建設には、高い測量技能や建設技術が要求された。1998年(平成10)現在、拾ヶ堰土地改良区の所轄農地面積は918haである。その水路延長は15kmとなっており、「水路延長／農地面積」の割合を算出すると16m/haとなる。これは長野県平均が105m/haであることを考えると、その6分の1程度となっており、信州

においては非常に効率の良い水田開発であったといえよう。

3. 近代の上水道整備

　近代的な上水道が整備されるまで、人びとは湧水や河川水を用水路(堰)
で集落まで引水し、飲み水としていた場合が多かった。近世に発達した城
下町ではこれらの水を城下に引いた水道もすでに開設されていた。江戸城
とその城下には16世紀末には井の頭池を水源とする神田上水が開かれた。
その後に建設された玉川上水とともに1901年(明治34)に廃止されるまで
使用されていた。長野県でも当時使用された木製の導水管が松代(長野市)
や松本で発掘されている。

　日本でもっとも早く近代的な上水道が建設されたのは横浜である。寒村
であった横浜村(現横浜市)が開港とともに人口が急増し、1887年日本最
初の近代的水道が完成した。しかし、近代的水道の建設の理由は人口増に
よる水不足だけでなく、疫病の蔓延防止という側面が強かった。開国に
より外国との交流が活発になると同時にコレラなどの伝染病が大流行し、
1879年と1886年にはコレラにより患者数約16万人、死亡者数10万人を
数えた。これらのコレラ・赤痢・腸チフスなどは不衛生な水を介して伝染
することから、上水道建設による予防策が必要であることがしだいに認識
されたのである。

　1924年(大正13)に松本市で配布された上水道加入促進の案内書から抜
粋すると「……市内の井戸水を御覧なさい。亞硝酸があつたり、アンモニ
アがあつたり、残渣が非常に多かつたり、随て細菌の類は澤山ありませ
う。……皆様の御使ひになる本市の水道は前に示した表で御覧の通り……
極めて成績のよい淨水でありまして……殊に恐るべき傳染物が尠くなるの
は事實であります」(原文ママ)とあり、その便利さを訴えている。

　長野県の近代的な上水道設置の動きは、明治末から大正時代にかけて活
発になった。それに先行して上高井郡須坂町(現須坂市)で、1886年、疫

▲貯水池（長野市往生地）

▲貯水池（松本市城山）

病流行のため用水が使用不可能となったことから、製糸業者から水質改善の動きが起こり、1889年に簡易水道が設置されている。簡易水道は計画給水人口が101人以上5000人以下の水道で、1918年に県は町村が簡易な給水装置などを設けるための県費補助を行い、飲料水の改善を呼びかけたことにより、農村部の上水道普及に大きな役割を果たした。

　須坂町がある上高井郡は、明治前半期に諏訪郡と並んで、信州製糸業の両雄と称せられた製糸業の中心地であったため、上水道の建設は製糸業者が負担した。

　県下で最初に上水道（計画給水人口が5001人以上の水道）を敷設したのは長野市で1912年に認可され、戸隠村（現長野市）中社に水源を求め1915年から給水を開始した。1918年に開始された2か所は長野市と東筑摩郡波多村（現松本市波田）で、1921年には更級郡稲荷山町（現千曲市）、1922年に上田市、下伊那郡飯田町（現飯田市）、1923年には松本市、諏訪郡上諏訪町（現諏訪市）などで上水道が整備され、1928年（昭和3）には25市町村に普及した。第二次世界大戦後、長野県の上水道は急速に普及し1965年には普及率76.8％で全国7位であった。2010年度（平成22）では、上水道普及率が89.3％、簡易水道は9.4％であり、簡易水道はしだいに上水道に統合され、その役割は小さくなっている。

県内の水道水の需要は1960年代より増加の傾向を示した。市町村主体の水道事業に対して県は1964年から水道事業に参加し、千曲川流域の上田市から長野市にかけての3市1町にかけての広域水道事業を行っている。さらにそれまでの地下水や湧水など比較的小規模な水源開発から、多目的ダムによる安定した水源確保の道を求めるようになり、1965年に裾花（すそばな）ダム、翌年には菅平ダムなどが完成した。2010年度の長野県の上水道の水源について見る

▼水道用水に使用される長野県のダム（2006年4月1日現在）

長野県

ダム名	河川名	所在地
裾花ダム	裾花川	長野市
松川ダム	松川	飯田市
奥裾花ダム	裾花川	長野市
奈良井ダム	奈良井川	塩尻市
内村ダム	内村川	上田市
片桐ダム	松川	松川町
箕輪ダム	沢川	箕輪町
豊丘ダム	灰野川	須坂市
金原ダム	金原川	東御市
北山ダム	宮川	麻績村
水上ダム	水上沢川	松本市
余地ダム	余地川	佐久穂町
小仁熊ダム	小仁熊川	筑北村

建設省・水資源開発公団

ダム名	河川名	所在地
大町ダム	高瀬川	大町市
牧尾ダム	王滝川	木曽町
味噌川ダム	木曽川	木祖村

と、「河川」の比率が22.9%と全国同水準であるのに対し、「ダム」の割合が8.7%と小さく、「深井戸」と「湧水」が41.5%を占め、全国平均の22%を大きく上回っているのが特徴である。

4. 現代も重要な水

松本盆地と長野盆地を隔てる筑摩山地（犀川丘陵）を蛇行して流れる犀川（さいがわ）は、東筑摩郡生坂村付近では狭い谷の中を流れ、人びとは水害から逃れるために上位段丘面を居住地や農耕地としてきた。豊かな流水が近くにありながらその恩恵を受けることができなかった人びとは、犀川からの用水路の開削を試みたが、それが成功するのは大正時代に用水ポンプが設置されてからである。またそこでは生活用水は井戸水や沢水を利用していたが、常に渇水の心配があった。そのため簡易水道が普及し、1978年（昭和53）には全村簡易水道計画が完成している。さらに、よりよい水源を求めて隣町の明科町（現安曇野市）押野の地下水源から分水し、1990年（平成2）か

ら新水源に切り替えた。

　河岸段丘の発達する上伊那地方では、乏水地である上位段丘面への灌漑（かんがい）事業として、江戸時代に三峰川左岸（みぶ）の伝兵衛井筋（でんべえいすじ）が先駆的な用水路開削により開田された。しかし上伊那地方ではさらに大規模な灌漑施設の整備が望まれた。その悲願が達成したのは、岡谷市川岸から取水する西天竜用水路で、1922年（大正11）に着工し、完成に7年を要した。この水路は延長2万6467mで天竜川西岸の段丘上につくられ、用水路東の開田を目的とした。これにより桑園や林野であった地に、水田1183haが造成された。

　下伊那地方では、中川村の南向発電所から取水する竜西一貫水路（みなかた）が1969年、小渋ダムから取水する竜東一貫水路（りゅうさいいっかんすいろ）が1979年に完成し、それぞれ天竜川の右岸と左岸の段丘面で大規模な灌漑が行われている。

　このように私たちは現代社会においてその便利さのあまり、水をめぐる先人の努力を忘れがちだが、このような便利さを手に入れたのは最近のことである。水問題が人間生活から切り離せないということは現代社会においても同様である。利水については水源地帯の乱開発や、産業廃棄物などによる水質の悪化が問題となっている。さらに電源開発のためのダム建設により失われた水辺の復活を求める動きが木曽川流域などで見られる。信州の先人たちは水を治め、水を利用するために幾多の長く苦しい努力や闘いをしてきたのである。

◀西天竜用水路（南箕輪村大泉）

■ コラム 「名水百選」 ■

　環境庁（現環境省）が1985年度（昭和60）に全国から選んだ「名水百選」の中に長野県下では3か所が選定されている。飯田市羽場の「猿庫の泉」、安曇野市豊科・穂高の「安曇野わさび田湧水群」、北安曇郡白馬村親海の「姫川源流湧水」である。

　猿庫の泉は飯田市の西にあり、風越山麓から湧き出る湧水で、茶の湯に適することで知られている。江戸時代、茶道宗偏流の宗匠、不蔵庵龍渓が茶の湯に適した水を求めて天竜川を遡ってこの名水を探し当てたという伝説がある。静かな林内には広場や東屋が整備されている。

　安曇野わさび田湧水群は、北アルプスからの雪解け水である安曇野の伏流水により豊富な水量で、古くから用水などに利用され、大正時代からはわさびの栽培にも用いられた。

　姫川源流の湧水は、湧水がそのまま姫川源流となっており、全国的にも珍しい。親海湿原とともに貴重な自然が残され、付近は自然探勝園となっている。

▲猿庫の泉（飯田市羽場）

▲姫川源流湧水（白馬村親海）

II
長野県の産業と生活

棚田のある農村風景（飯山市）

第1章 農牧業

◀キャベツ畑（軽井沢町
大日向）

1. 狭い農用地を有効利用

　長野県は山岳県であるため、農業でも独自の特色がある。耕地率（耕地
総面積／総土地面積×100）は8.0%（2015年）で、全国平均12.1%に比べ
て低いが、同じような山がちの山梨県(5.4)や徳島県(7.3)と比較すると高
い。また長野県の水田率（水田面積／耕地面積×100）は49.8%で、全国平
均の54.4%より低いが、隣県の山梨県(33.2%)や群馬県(37.7%)に比べる
と高い。長野県はこのように耕地率・水田率とも全国平均を下回っている
が、農家戸数は約10.4万戸(2015年)と全国で最多となっている。

　農作物の種別で見ると、果物では巨峰ぶどう、プルーン、ネクタリン、
ブルーベリー、あんず、くるみ、マルメロ、かりん、野菜ではレタス、セ
ルリー、パセリ、野沢菜、花卉ではカーネーション、トルコギキョウ、ア
ルストロメリア、シクラメン、きのこ類ではえのきたけ、ぶなしめじ、エ

リンギなどが全国一の生産を上げている。いずれも狭い耕地を有効利用して栽培している作物である。

　1955年(昭和30)を境にして長野県の農業は大きく変化した。それまで稲作と養蚕が主流であったが、化学繊維(せんい)の普及と養蚕収益の低下により、それに代わってりんごやもも、和なし、ぶどうなど果樹栽培が増加した。一方、はくさい、キャベツ、レタス、アスパラガスなどの高原野菜の生産量が増えた。これは長野県が準高冷地(600〜800m)や高冷地(800〜1400m)にあるため、これらの野菜栽培に適していたからである。リンドウやキク、カーネーションなどの花卉(かき)栽培も同様である。さらにえのきたけの生産も拡大した。当初は秋から冬にかけての栽培であったが、冷房によって周年栽培が可能になったためである。また、畜産では酪農、肉牛の肥育、養豚なども盛んである。

2. 果樹王国・信州

①交通の発達とりんご栽培

　2017年(平成29)の全国果樹生産額は8450億円、そのうち長野県は7.4%で625億円の出荷額となっている。信州の果樹出荷額のうち、りんごが42.9%、ぶどうが33.1%を占めている。

　信州のりんご栽培は、1874年(明治7)の内務省勧業寮(現農林水産省などの前身)から長野県に苗木が配布されたことに始まる。りんご栽培が本格化したのは、明治30年代からである。1907年ごろ長野市往生地(おうじょうじ)、上松(うえまつ)地区な

▼全国のおもな果樹出荷量（2017年農林水産省統計）(単位：t)

		1位	2位	3位	4位
りんご	全国 655,800	青森 376,500	長野 129,900	山形 41,200	岩手 34,200
ぶどう	全国 161,900	山梨 40,400	長野 24,200	山形 15,100	岡山 15,000
もも	全国 115,100	山梨 37,400	福島 26,500	長野 13,400	和歌山 9,370
西洋なし	全国 25,700	山形 16,600	新潟 1,970	長野 1,550	青森 1,480

◀長野県でもっとも
古いりんご園（長
野市往生地）

ど長野盆地に産地が形成され、それが上田盆地、松本盆地南部などに拡大した。明治末期から大正時代にかけての交通網の発達が、りんごの増産に貢献した。1893年信越本線、1902年篠ノ井線、1906年中央東線、1911年中央西線などが開通し、関東・関西地方への輸送が容易になった。1920年（大正9）になると第一次世界大戦による戦後恐慌で生糸の価格が急落して養蚕不況が起こり、桑園や平地林などからりんご園への転換がされた。1930年（昭和5）の昭和恐慌を契機に養蚕からりんご栽培にさらに転換が進んだ。1939年では県内りんご面積の4分の3が長野盆地に集中していた。

　第二次世界大戦後は食糧不足からりんご景気が起こり、りんごの新植が増加した。1962年には長野県で1万5366haの栽培面積となり、長野県史上最大のりんご栽培面積となった。しかし、1963年バナナの輸入自由化や国産柑橘類との競合が激しくなった結果、1968年りんごの価格が暴落した。そのため1975年には9750haまで減少した。そこで「うまいくだもの推進運動」が展開され、「ふじ」「つがる」などへの品種転換と従来よりもコンパクトに栽培する矮化りんご栽培の導入で栽培面積は急速に増え、1987年に県内のりんご栽培面積を1万1550haまで戻した。長野県下のりんご栽培面積は、現在7700haでピーク時の67%となっている（2017年）。

これは青森県・岩手県・山形県など東北地方のりんご産地の追い上げと外国産果物との競合が影響している。さらに生産者の高齢化、都市化の影響で宅地化が進んだ結果、りんご園が減少している。

②巨峰ぶどうの生産は日本一

　長野県のぶどう栽培はりんごと同様に、1875年（明治8）の勧業寮の苗木が配布されたことが始まりである。1890年に桔梗ヶ原（現塩尻市）において、ワイン用のコンコードが植栽された。明治末期のぶどう栽培は、桔梗ヶ原や里山辺村・芳川村（ともに現松本市）など中信地方が全県の半分を占めていた。大正時代に入り、桔梗ヶ原でワインの醸造を始めると桔梗ヶ原のぶどう栽培面積は100haと増加した。第二次世界大戦中にも軍の酒石酸(酸味料、医薬にも利用)の製造のためにぶどう栽培は存続した。

　戦後は急速にぶどうの栽培が増加し、1952年（昭和27）には長野県のぶどうは松本盆地南部を中心に全国第5位の生産を上げている。しかし1971年のぶどうの輸入自由化で、加工用ぶどうの生産が低迷し、そこで生食用ぶどうの栽培に転換した。当初はデラウェア種がおもで、栽培地は上田や小県郡、長野、須坂・上高井郡、中野・下高井郡へと拡大した。さらに巨峰ぶどうへ切り替えが急激に進んでいった。

　長野県での巨峰ぶどうの栽培面積は、1970年の138haが1975年には740haに急増している。中野市・小布施町・須坂市など長野盆地と上田盆地がおもな栽培地で、降雨が少ないため、「花振るい」（長雨などでぶどうの実がならない）になりにくいこと、昼夜の気温の較差が大きく糖度の高いぶどうが生産できることによる。また巨峰ぶどうは凍霜害に弱いが、中野市の夜間瀬川扇状地の扇頂や扇央は気温の逆転現象が生じるので凍霜害による「眠り病」の心配が少なく、巨峰ぶどう

▲巨峰ぶどう園（中野市竹原）

の栽培地に適している。高社山麓、夜間瀬川扇状地、長丘丘陵は日当たり
が良く、水はけが良好でぶどうやりんごなどの果樹栽培に適している。

　平成になるとシャインマスカット、ナガノパープルなどの新しい品種も
開発され、人気となっている。2017年長野県のぶどう収穫量は山梨県に
次いで第2位（2万5900t、全国の13%）で、近年ではワイン用ぶどうの生
産もワイナリーの増加とともに盛んになり、生産量6485t（2016年）で日
本一となっている。

③南信中心の和なし栽培

　長野県で最初に和なしが栽培されたのは、1878年（明治11）である。さ
らに明治中期に新潟県の丸山三吉がなしの苗を下伊那郡上郷村下黒田（現
飯田市）の農家に販売した。品種は和なしの二十世紀なしで、1915年（大
正4）下伊那郡大島村（現松川町）で栽培が始められ、1926年には上伊那郡
飯島村（現飯島町）の桃沢匡勝が50aの水田に二十世紀なしを植えている。
二十世紀なし栽培地の増加はこのような先駆者の努力があり、さらに昭和
初期の養蚕不況によって桑園からの転換や耕地整理事業により、なしの栽
培に拍車がかかった。

　長野県でのなし収穫は1950年代後半に入り拡大した。なかでも上伊那
郡南部と下伊那郡北部が顕著で、ここは二十世紀なしが主力品種となっており、国内では鳥取県に次ぐ生産地になっている。近年、二十世紀なしより甘みや食味の良い「幸水」や「豊水」などの赤なしの栽培が増えている。

▲りんごと二十世紀なし園（松川町大島）

西洋なしは1960年代後半から長野県でも栽培されていたが、栽培の難しさからなかなか定着しなかった。近年「ラ・フランス」など高級西洋なしが普及して栽培地を広げ、山形県、新潟県に次いで全国第3位の収穫量（2017年）となっている。

④北佐久地方で始まったもも栽培

　長野県でもももの栽培が始まったのは、明治時代になってからである。1908年（明治41）の長野県のもも生産量は、40%が北佐久郡三岡村（現小諸市）をはじめとする北佐久郡に集中していた。三岡村では塩川伊一郎が小諸義塾長木村熊二の勧めで、マツ林を開墾してももの栽培を始めた。1903年にはももの缶詰製造が始まり、もも園が急速に増加した。

　ももが本格的に栽培されたのは、1955年（昭和30）ごろからで1975年には県下最大の作付面積となった。長野県産のももの出荷は8月中旬が最盛期で、それよりやや早い岡山県や山梨県産のあとに出荷できるため、市場で高く販売できる優位な条件もある。現在では北佐久のほか飯綱町平出や長野市川中島が特産地になっている。品種は缶詰加工用の「大久保」や「白桃」から生食用の「白鳳」に変わってきた。

◀ももの花咲く丹霞郷
（飯綱町平出）

3. 日本一の水稲反当収穫量

　長野県の水田面積は県の全耕地の49.5％にあたり、全国平均の54.4％よりやや低い（2016年）。長野県の水稲作付面積は3万2200ha、収穫量は19万9000tである。10aあたりの収量は619kgで全国第1位である（2018年）。全国平均の収量は532kgであり、第2位が青森県の590kgであることから長野県の収量がいかに高いかがわかる。長野県の米の単位面積あたり収量は1949年(昭和24)に日本一となり、1952年までその地位を保った。1953年の大冷害で米作日本一の座を失ったが、さらに1954年から1964年まで11年間には反収日本一が続いた。その後東北地方の反収が高かったが、近年ふたたび長野県が第1位となっている。このように、長野県の稲作の生産性が高いのは、稲作に適する自然条件のためである。県内の稲作地帯は松本盆地や長野盆地などの内陸盆地である。夏季の日照時間が長く、気温の日較差が大きい。そのため夜間の気温が低く、稲の呼吸作用が抑制され、日中の炭素同化作用が活発となる。よって稲の生産性が高いのである。

　長野県の水田面積が多いのは、堰（用水路）が発達している松本盆地が最大で、千曲川や天竜川の氾濫原、盆地の扇状地や河岸段丘においても栽培されている。こうした長野県の水田は用水を確保するための努力をしてきた。なかでも松本盆地は大部分が扇状地面で乏水地のため、古代から畑作が多かった。しかし、江戸時代には多くの堰が開削されて、扇状地でも水田が開発された。第二次世界大戦後、「中

▲延徳田圃の稲刈り（小布施町・中野市）

信平総合開発事業」が長野県営事業として行われ、県内では供給量最大の用水路が梓川を水源に建設された。この事業では、北アルプスから松本盆地に流出する最大河川にあたる梓川にダムが建設された。これが梓川中流にある奈川渡・水殿・稲核の3つのダムである。その稲核ダム下方部から取水して、山脈の山麓線に沿って幹線水路が設けられ、さらに多数の支線水路がつくられた。これが中信平総合開発事業で、この開発の受益地面積は1万9018haで国内最大級の農地開発事業であった。

　1970年から始められた米の生産調整は、日本の稲作に大きな変化をもたらした。松本盆地においても稲作からの作付け転換が余儀なくされた。そのため梓川左岸地域では米より収益性が高いりんごやぶどうなどの果樹栽培に転換されている。また梓川右岸地域は、鎖川扇状地の山形村でやまのいも(長芋)、同じ鎖川扇状地の朝日村古見原や奈良井川扇状地の塩尻市岩垂原では準高冷地の気候を利用して、レタス・はくさい・キャベツなどの高原野菜が栽培されている。

　長野県の水田は標高800m以上の高冷地にも分布している。しかし標高が高いため凍霜害を受けやすく、軽井沢町や富士見町では暖かい群馬県や山梨県、諏訪盆地に苗代の育成を委託していた。そこで1943年に軽井沢町の篤農家荻原豊次が油紙を用いた保温折衷苗代を、原村の津金徳雄が藁囲いによる簡易温床苗代を考案した。それにより田植えが1か月早くできるようになった。この保温折衷苗代は1950年までに長野県下のほとんどの農家に普及した。これが1954年以降米の反収日本一につながった。

▲安曇三ダムの1つ稲核ダム（松本市安曇）

4. 高冷地農業の先進県

▼日本のおもな野菜収穫量（2017年農林水産省統計）

（単位：t）

		1位	2位	3位	4位
レタス	全国 542,300	長野 206,100	茨城 84,200	群馬 46,300	長崎 28,600
セルリー	全国 30,600	長野 14,100	静岡 6,040	福岡 2,910	愛知 2,530
はくさい	全国 726,800	茨城 229,400	長野 209,400	北海道 26,500	群馬 21,800
キャベツ	全国 1,280,000	群馬 236,500	愛知 232,200	茨城 104,100	長野（6位）64,100
アスパラガス	全国 23,000	北海道 3,110	長野 2,390	佐賀 2,220	熊本 1,890
加工用トマト	全国 29,700	茨城 13,600	長野 9,070	栃木 1,720	福島 941

　標高800m以上を高冷地、500～800mを準高冷地という。長野県の高冷地の7・8月の平均気温は23℃で、日較差が大きく、湿度の少ない気候が良質な野菜の栽培に適している。そのため南佐久地方を中心にレタス、はくさい、キャベツなど日本有数の高原野菜栽培地となっている。

①全国シェアトップのはくさい

　長野県の夏秋はくさい栽培は1930年(昭和5)に菅平(上田市)で始まり、1935年小海線の全通で市場が拡大し、南佐久地方が夏はくさいの主要供給地となった。第二次世界大戦で中断したが、戦後1950年ごろから高冷地と準高冷地でふたたび栽培を開始した。1950年代半ばには県内各地で栽培され、南佐久地方、北佐久地方、松本・塩尻・東筑摩郡などが主産地になった。長野県内のはくさいの栽培面積は漬物や冬の鍋ブームで年々増加し、1997年（平成9）には3468haで過去最大となったが、近年は需要の減少から栽培面積は減少傾向にある。

　全国的の収穫量は茨城県が第1位の27.7%で、2位が長野県の26.7%である(2017年)。長野県の出荷時期は6月から10月まででこの間、東京・名古屋・大阪市場では長野県産はくさいが70～90%を占める。2017年の出荷先は、近畿が29.4%、京浜が31.5%、九州が19.2%であった。

▲はくさい畑（御代田町）　　　　　　　　▲キャベツ栽培（南牧村野辺山）

②キャベツから始まった高原野菜栽培

　高原野菜が長野県で初めて栽培されたのは軽井沢である。これは1880年代後半に避暑にやってきた外国人がキャベツ（甘藍）の栽培を勧めたことによる。キャベツは標高約1000mの高冷地では最適の作物で、1904年（明治37）には約140tのキャベツが生産された。第一次世界大戦後、東京への出荷が始まって需要も増大し、北佐久郡全体に栽培が拡大した。信越本線により、東京・名古屋・大阪方面にも出荷され、なかでも軽井沢は東京に近いという利便性があった。1931年（昭和6）からはトラック輸送が開始され、より広範囲に出荷されるようになった。さらに第二次世界大戦後の「緊急開拓事業」で開発された長野県下の高原が、高冷地野菜の特産地となった。1964年の東京オリンピックで使われた野菜の大部分は、長野県産であった。

　2017年（平成29）の全国のキャベツ収穫量は、群馬県（18.5％）、愛知県（18.1％）、茨城県（8.1％）の順で、長野県は第6位（5.0％）を占めている。長野県産キャベツの出荷は、40.1％が近畿方面で、特に7〜9月に大阪市場で流通するキャベツの半分は長野県産である。

③日本最大のレタス産地

　日本一のレタス産地である川上村や第2位の南牧村（野辺山高原）など南佐久地方は、長野県最大の高原野菜地帯である。ここは標高が1200〜1400mの八ヶ岳山麓の緩傾斜地で、火山灰土が厚く堆積し、長い間穀物

の栽培ができなかった。第二次世界大戦後に開拓農民が野辺山開拓地に入植したが、当初だいこんのほかは野菜の栽培をしていなかった。この地の農業が大きく変化したのは、1950年（昭和25）に起きた朝鮮戦争からで、この戦争によるアメリカ軍特需のレタス栽培を行った。これが

▲レタス栽培（南牧村野辺山）

レタス栽培の発展要因となった。まず冷涼な気候（7〜9月の平均気温が20〜22℃で夏秋レタス栽培に適している）が発展を支え、1950年代後半には国の蔬菜生産指定地となり、はくさい、キャベツなども栽培するようになった。また交通の発達も高原野菜の栽培に寄与している。まず当初国鉄小海線によって東京方面に出荷したが、1970年代中期になると道路網の整備でトラック輸送に替わり、全国各地に出荷されるようになった。さらに現在では、台湾・香港などにもレタスが輸出されている。

　2017年国内のレタス収穫量58.3万tのうち長野県が37.9%で、なかでも川上村、南牧村などの南佐久地方が国内最大のレタス栽培地となっている。

④セルリー生産量日本一

　長野県のセルリー収穫量は、2017年（平成29）全国生産量の38.6%で全国1位である。長野県内の栽培地は茅野市などの諏訪の山浦地方と松本盆地南部地区である。特に茅野市玉川と原村はもっともセルリー栽培が盛んな地域である。ここは八ヶ岳山麓の山浦地方で昭和初期から栽培が行われ、第二次世界大戦後本格化した。当初外国人向けに栽培されたが、1960年代半ばには国内消費が増加した。セルリーは高原野菜の中ではもっとも集約的な作物で、高度な栽培技術と労働力が必要であるため、副業として栽培できる作物ではなかった。茅野市玉川地区・原村では養蚕の衰退後、水稲に加えてセルリーがおもな作物になっている。

5. 花卉生産

▼日本のおもな花卉出荷量（2017年農林水産省統計）

（単位：万本・万鉢）

		1位	2位	3位	4位
カーネーション	全国 24,020	長野 4,910	愛知 4,180	北海道 2,620	兵庫 2,040
トルコギキョウ	全国 10,100	長野 1,330	熊本 1,210	福岡 916	北海道 524
アルストロメリア	全国 5,550	長野 1,920	愛知 960	山形 674	北海道 605
シクラメン	全国 1,620	長野 234	愛知 151	千葉 106	栃木 106
スターチス	全国 12,490	和歌山 6,240	北海道 3,910	長野 788	千葉 354

①日本一のカーネーション生産

　長野県のカーネーション生産は、全国の20.4%を占める（2017年）。県内のカーネーション栽培は、昭和初期に始まり、更埴地方や松本を中心に露地栽培されていた。第二次世界大戦後の1950年代半ばから本格的に栽培され、ビニールハウスの普及で6月下旬から収穫できる保温栽培が始められ県内各地に広まった。1950年代後半には被覆資材の普及やガラスハウスなどによりさらに増加した。特に長野県は夏秋型カーネーションの最大の産地で冷涼な気候のため、色あざやかで日持ちの良い花が生産できる。長野県内の産地は千曲市や坂城町、諏訪地方の富士見町や茅野市、松本市西部、南佐久地方など全県に分散している。カーネーションは高冷地に行くほど紫外線が強いため、色つきや日持ちが良い。

②長野県花リンドウの栽培

　長野県のリンドウ栽培は1948年（昭和23）の茅野市米沢で「霧ヶ峰リンドウ」としてつくられたのが始まりである。これは米沢の上原浅治が八ヶ岳の野生のリンドウを栽培し、出荷したものであった。その技術が諏訪地方や上田小県地方に伝わった。1966年には長野県花に指定されたが、

▲カーネーションのガラスハウス（飯島町七久保）　▲トルコギキョウの露地栽培（辰野町横川）

1970年代半ばに根腐病が発生して生産は減少した。

　平成に入り県の施策や新品種の導入などで生産の拡大が図られたが、生産量は減少している。2017年（平成29）の県産リンドウの出荷量は全国の4.4%で全国第5位である。なお県内で栽培されているリンドウは信州産のオヤマリンドウでなく、北海道産のエゾリンドウである。これはエゾリンドウのほうがオヤマリンドウより花びらが厚く、日持ちが良いからである。

③トルコギキョウとアルストロメリアの生産量日本一

　長野県下のトルコギキョウの出荷量は1330万本で、全国の13%を占めている（2017年）。生産地は上田市、茅野市、伊那市、松本市など全県で栽培されている。しかし全国的な産地間競争が激しく、生産量は横ばいである。

　アルストロメリアの出荷量は1920万本で全国の34.6%を占めている（2017年）。伊那市や飯島町など上伊那地方が生産の中心である。上伊那にアルストロメリアが導入されたのは1968年（昭和43）で、70年代はユリとカーネーションの栽培がおもだったが、1986年にはアルストロメリアの生産額が第1位となった。これはアルストロメリアの花の色が豊富で日持ちが良く、高価格であることによる。またアルストロメリアはハウスの施設設備や種苗のパテント料が高く、他産地が容易に参入できないため、上伊那地方が国内最大の産地となっている。

6. 全国有数のきのこ生産

▼日本のおもなきのこの生産量（2017年農林水産省統計）
（単位：t）

		1位	2位	3位	4位
えのきたけ	全国 135,745	長野 86,712	新潟 20,025	福岡 4,716	北海道 3,892
ぶなしめじ	全国 117,712	長野 49,733	新潟 21,366	福岡 13,596	香川 4,978

▲きのこ

　長野県のえのきたけは2017年(平成29)国内生産量の63.9%を占めている。長野県のえのきたけ栽培の中心地は中野市や飯山市などの北信濃である。長野県でえのきたけ栽培が盛んになったのは、1950年 (昭和25) 長野県が農家の出稼ぎ防止対策として奨励したことによる。当初えのきたけの生産は冬に限定されていたが、1960年代半ばに冷房施設を備え、8〜9月に出荷できる早期栽培を始めたことにより高値で取引され、冷房栽培が急速に広まった。こうした機械化や施設の充実とともに、生産規模が拡大していった。2017年、中野市では農業粗生産額115.4億円のうち、えのきたけが88億円と全体の42.9%を占めている。

　ぶなしめじの生産量は長野県が全国1位である。2017年の統計では長野県が全国生産額の45.1%を占めている。ぶなしめじは1972年に京都の宝酒造が開発し、長野県内では上郷町(現飯田市)で生産が始まり、全県に拡大した。その後、新品種が開発され生産が増加した。現在は、おもに北信での生産が多い。

　その他、エリンギは1万6418tで全国1位（全国3万9088t・2017年）まつたけは長野県が5.1t(全国18.2t・2017年)で岩手県に次いで全国2位、なめこは4341t（全国2万3504t・2017年)で新潟県に次ぐ全国2位となっ

ており、日本有数のきのこ生産県となっている。

7. 湧水を活かしたわさび栽培

　長野県の水わさび生産量は797tで、全国の62%を占めている（2017年
農林水産省統計）。長野県の栽培地は、松本盆地の安曇野市穂高と豊科、
明科に集中している。この安曇野のわさびは、1893年（明治26）信越本
線の開通によって、東京に出荷されるようになった。1902年篠ノ井線や
1905年の中央東線開通によって、大正末期には全国各地へ出荷されるよ
うになった。

　安曇野市穂高は全国でも最大の水わさび生産地で、犀川河畔にある「大
王わさび農場」が代表的である。穂高のわさび田は標高520〜540mで、
犀川とその支流の北アルプスから流れ出る高瀬川、穂高川（中房川・烏川）、
万水川の合流地点にある。ここは中房川、烏川、黒沢川などの扇状地の扇
端部にあって、地下水位が高く、湧水が豊かである。烏川などの扇状地は
常念山地の古生層を母岩とするため、湧水量が多く、水中に含まれる肥料
成分が天然供給される。わさびは、砂礫層に有機質が付着すると病気にな
りやすく、そのため「洗耕」と呼ばれる先がとがった山鍬で砂礫を洗い流す
作業が必要で、それには豊富な湧水が必要となっている。

◀大王わさび農場（安
　曇野市穂高）

8. 長野県の畜産

　長野県では、豊かな自然や大都市に近いという立地条件を活かして、酪農、肉用牛の生産、養豚、養鶏などの畜産も盛んに行われている。生産額308億円 (2017年) は県の農業生産額の10.6％を占め、野菜、米、果樹に次ぐ重要な部門となっている。なかでもうさぎ、みつばちの飼養数では全国一となっている。

　酪農では、乳牛飼育農家戸数は減少しているが、1戸あたりの飼育頭数は45.2頭で増加しており規模は拡大している (2017年)。野辺山高原のある南牧村 (飼育頭数2800頭) が県内の17.9％のシェアを占め、次いで伊那市、飯田市、安曇野市、松本市などで盛んである。こうした牧場などで搾乳された生乳はヨーグルト、チーズなどの乳製品に加工されている。

　肉用牛では、地元の肉牛生産農家が集まり、従来の生体輸送をやめて、肉牛を産地加工し、販売を始めた。販売する牛肉が、信州で育った健康な牛であることをアピールするために「信州牛」が商標登録され、ブランド化に成功し、安全安心なおいしい肉として全国的に知名度が高まっている。

　こうした県独自のブランド食材の開発によって、新品種の地鶏が誕生した。父鶏に歯ごたえがあるシャモを、母鶏にコクのある名古屋コーチンを用いた地鶏で、信州黄金シャモと命名されている。広い鶏舎で時間をかけて育てられるので、脂肪が少なくカロリーがおさえられている。うまみの源となるアミノ酸が多く含まれていて、豊かな風味と食感で注目されている。

▲春から秋にかけての牛の放牧 (松本市美ヶ原)

第2章 林業

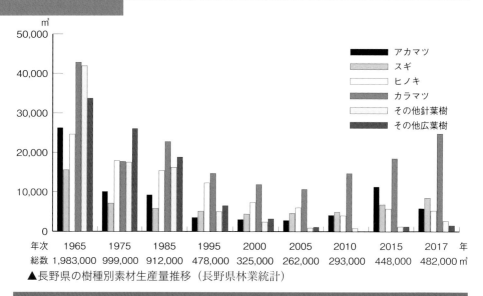

年次	1965	1975	1985	1995	2000	2005	2010	2015	2017	年
総数	1,983,000	999,000	912,000	478,000	325,000	262,000	293,000	448,000	482,000㎥	

▲長野県の樹種別素材生産量推移（長野県林業統計）

1. 回復傾向にある素材生産量

　長野県は県土の78％が森林に覆（おお）われ、森林の総面積は全国3位の105.9万haに及び、その森林蓄積量（木材資源としての量）は1億8374万㎥となっている（2017年）。しかし、その豊富な森林を木材資源としてどの程度利用しているかを示す指標である素材生産量（立木を伐採、搬出し、丸太をつくり出すこと）では、2017年の合計は約48.3万㎥で全国15位である。素材生産量においても北海道は第1位であり、第2位宮崎県、第3位岩手県であることを考えると、長野県の素材生産量は少ない。反面、長野県の素材生産量は1961年（昭和36）の219万㎥をピークに減少を続け、2005年には26万㎥まで落ち込んだが、カラマツの需要が増していることで回復傾向である。林業が産業別人口構成と産業別県内総生産に占める割合は、それぞれわずか0.1％にしか過ぎず、経済的な重要度は低い。長野

◀森林に覆われた山（木曽町開田）

県は広大な森林を抱えているが、素材生産は少ない。しかし、木材、薪炭材、栽培きのこなどの生産による林業産出額590.4億円で、なかでも栽培きのこの生産が大きいため、全国一となっている(2017年)。

2. 第二次世界大戦後の林業

①戦後の木材ブーム

　長野県の林業は、戦後日本の林業がたどった変遷と無縁ではなかった。第二次世界大戦後の日本の林業が取り組んだのは、戦災復興のための住宅建設や家庭燃料用薪炭の需要に対する木材の大量供給であった。国内の森林は戦争のため荒廃し、各地に洪水や土砂災害をもたらし、森林の復興という課題に直面していた。また敗戦により海外植民地の森林を失い、国内の森林への依存度が高まった。さらに日本の高度経済成長にともない、用材(一般の建築用・合板製材用など)の需要が急増したため、木材需要が毎年拡大を続けた時期でもあった。1950年代後半から1970年代前半にかけては、林業がもっとも活況を呈した時代であった。

　長野県においても素材生産は毎年150万㎥以上の生産があった。そのため、この時代の木材価格は極めて好調に推移しており、結果的に森林所有者の植林意欲を刺激し、人工林の面積を拡大させていった。戦後日本の人工造林面積を見ると1961年（昭和36）のピーク時には3万ha前後の造林

が行われていた。

②エネルギー革命による林業の変化

　日本全国で造林が盛んに行われていた時期に、一方ではエネルギー革命が日本人の生活様式を変化させた。1960年代から家庭燃料はそれまでの薪炭_{しんたん}から都市ガスやプロパンガスなどの化学燃料に転換して、伐採量に大きな割合を占めていた薪炭材、つまり広葉樹の需要を激減させた。これにより、生産性の低い天然林や薪炭材用の広葉樹は伐り払われて、その後に価格が高かったスギなどの針葉樹が植林された。森林所有者は林業の将来に明るい期待をもって、人工林を拡大していったのである。

　長野県でも人工林の拡大が積極的に推し進められ、「拡大造林」により植林され、特にカラマツが大きな割合を占めた。

③「カラマツ」のふるさと

　県内の造林でカラマツが大きな割合を占めたのは、長野県の気候に適していたからである。カラマツはニホンカラマツあるいは信州カラマツとも呼ばれ、もともと本州それも長野県を中心とする中央高地の高冷地に自生する樹木である。長野県では浅間山、八ヶ岳、日本アルプス、御嶽山などに天然林が多く分布している。スギやヒノキが日本各地で古くから育苗生産が行われていたのに対して、カラマツ造林の歴史は浅い。記録では群馬県吾妻郡嬬恋村で18世紀末に造林されたのがもっとも古いものであり、

◀カラマツの並木（軽井沢町
　三笠）

大規模な造林は明治になってから始まった。人工林から採種できるようになるまでは、採種は限定された天然林（金峰山、八ヶ岳、浅間山など）に頼らなければならなかったことから、育苗事業は長野県を中心に発達したのである。幕藩時代に県下では高遠藩の古見村（朝日村）名主塩原九郎右ェ門が文政年間（1818〜31）に今井村（松本市）でカラマツ苗の植栽を始め、その後養苗技術の確立とともに常盤村（大町市）・松川村などに養苗事業が広がった。また協和村（佐久市）でも明治になり苗木生産が行われるようになった。

　明治から昭和にかけて山形村・朝日村や波田町（松本市）、川上村などが、カラマツ苗生産において日本の特産地であり続けた。現在、北海道や東北地方の広大なカラマツ造林、または中国をはじめとする諸外国のカラマツ造林が発達したのには、長野県産の種子・苗木が利用され、技術者を派遣するなど信州と深い関わりがある。

　第二次世界大戦後には、カラマツはその初期成長が良いことや、電柱・丸太などへの需要が増大していたことから、日本各地で特に中部地方以北の東日本の高冷地で植林された。しかも質ではなく量を確保することを目指して、比較的短期間で伐採することを目的とした。

　このように、長野県ではカラマツは東信地方を中心に、現在の長野県の人工林（民有林）の5割を占めるまでになった。しかし、林業を取り巻く経済環境は、1960年代の高度経済成長期以後、急速に悪化する。そのおもな原因は輸入木材の増加と代替品の開発である。当時日本の森林において木材需要を満たすだけの伐採可能な森林がなく、必要な供給を行うことができなかった。そのため、プラスチックなどの代替品がシェアを広げ、さらに輸入自由化の流れの中で、国産材の単価は低く推移し、輸入材との価格競争に耐えられず、国産材のシェアは低下していった。近年、中国経済の成長により輸入材の入荷が減少し、合板用としてのカラマツ材が注目され、生産が回復傾向にある。

3. 多い小規模経営

　長野県における森林・林業の現状を見てみたい。現在県内の森林面積の64.8％は民有林で、35.2％が国有林である。2015年（平成27）のセンサスによれば長野県の林家数は2万9635戸で、年々減少傾向にある。さらに財産区、部落有、市町村有、県有、会社有、社寺有などの山林を所有する林業経営体が県内には2745（2015年）ある。これら林業経営体所有の山林は、10ha以下が59.4％を占めており、その規模は小さい。

　このような林家や林業経営体と並ぶ林業の担い手として、森林所有者から受託や請負などで造林や伐採を行う会社や個人があり、これを林業事業体という。2017年、長野県には171の事業体があり、1594人が従事している。2005年までは森林組合の従業員がもっとも多かったが、森林組合が合併して人員削減を図ったことで、組合数が18に減少した。一方、会社組織は102に増加し、従業員も760人と約半数を占めている。また、森林整備に取り組むNPO法人も誕生しており、2017年には4団体44人が林業に従事している。

　県内の森林資源は、第二次世界大戦後の拡大造林によって生み出された人工林を中心に森林資源として伐採できる過程にあり、その蓄積量（㎥で表す森林の量）は年々増加している。かつて山林は育林地のほか、刈敷（落葉広葉樹の若葉が萌芽した枝を刈り取り、水田にすきこむ緑肥）や牛馬のための採草地などの農用地としての役割があったが、戦後はそれらの役割がなくなると同時に、薪炭材への需要の激減、さらに木材価格の低迷などにより、山村における育林・造林意欲は低下した。その森林管理の担い手である山村人口も減少傾向が続き、林業生産活動が日常的に行われなくなった。しかし、1960年代後半から70年代にかけての大造林時代の人工林が成長し合板用としてカラマツが取引されるようになったことで少しずつ木材の生産は伸びているが、林業従事者も減少しているために伐採が進まず、森林蓄積量は引き続き増加

している。

4. 林業とその現状

　森林資源を地域別に見ると、県内は森林法により5つの森林計画区に区分されている。その5つは千曲川上流域（東信地方）、千曲川下流域（北信地方）、中部山岳流域（木曽以外の中信地方）、木曽谷流域（木曽）、伊那谷流域（南信）であり、それぞれの自然環境や社会的条件により樹種や営まれている林業に大きな違いがある。

①カラマツのふるさと千曲川上流域

　この地域の特徴は森林に占めるカラマツの割合が多いことである。人工林の割合が60.7％と県下ではもっとも多く、カラマツを含む針葉樹の面積割合が32.7％である（2019年）。この地域は天然林のカラマツが自生する地域であり、カラマツ林業の先進地であった。さらにカラマツの苗木生産においても川上村が中信地方とともに主産地であったが、造林面積が減少するとともに苗木生産もしだいに減り、川上村では一時期苗木生産が行われなくなってしまった。しかし、近年ではカラマツの苗木の需要が全国的に拡大していることや、関係者の努力などもあって、苗木生産の安定供給に向けて努力している。

　もともとカラマツ材は建築用としても重要視されており、天然カラマツが自生するこの地域では、大木の天然カラマツは「天落葉」と呼ばれ、現在でも評価が高く、銘木として高値で取引されてきた。近年、強度性能の高さが評価され、構造

▲カラマツの多い千曲川上流域（川上村）

用合板向けの需要が堅調となり、人工林のカラマツも注目されている。

②広葉樹の多い千曲川下流域

　この地域は人工林の割合が41.6％と低く、広葉樹の面積割合が県下でももっとも大きく52.7％を占めている（2020年）。なかでもブナの面積では全県の3分の2がこの地域に集中しており、新潟県との県境に連なる関田山脈(東頸城丘陵)の鍋倉山周辺のブナ林には「森太郎」と呼ばれるブナの巨木があるなど、日本有数のブナの天然林が広がっている。またこの地方は、きのこを中心とする特用林産物の生産が盛んで、えのきたけ・なめこなど菌床栽培きのこ生産量は県内の7割を占めている。

③国有林の多い木曽地方

　「木曽路はすべて山の中である」と始まる島崎藤村の『夜明け前』にあるように、豊かな森林資源に恵まれた木曽川流域は、その流域の93.4％が森林である（2018年）。その森林面積のうち61.7％を国有林が占めており、全県の平均35.2％を大きく上回ってもっとも国有林の占める割合が多い地域である。国有林の「木曽桧」は江戸時代から厳しい管理のもと、最高の木材として今日まで受け継がれてきた。この流域では素材生産から製材加工まで一体的に発達してきた林業地であるが、国有林の木材資源減少から生産量は年々減っている。

　今後の木曽林業には国有林・民有林ともに、ヒノキの人工林の活用が重要となる。天然林の「木曽桧」（漢字表記）に対して、人工林のヒノキは「きそひのき」（ひらがな表記）と

▲赤沢自然休養林（上松町赤沢）

表記するなどブランド化に向けた取り組みが行われている。

⑤民有林の多い伊那谷

　この地域の特徴は、民有林の森林面積が全体の77%を占めており、国有林の面積割合が長野県内ではもっとも小さい（2018年）。地域的には南北に長いので、地区ごとに樹種に特徴がある。北部・中部ではカラマツの人工林が多く、南部ではスギ・ヒノキの造林が多い。特に南部の飯田市南信濃や上村地区は遠山谷と呼ばれ、温暖で年降水量も2000mmを超えているため、スギの植林地が多く、「天竜杉」の特産地として知られている。この地域の林業が発達した背景には、林業先進地である静岡県から育林の技術が早くから入ったことと、切替畑耕作がある。この農法は木材の伐採跡地に火入れをして、数年間あわなどを栽培するもので、地力が低下した段階で植林を行う農法である。切替畑耕作は、小作農が山林地主から借りた土地で行っていた。しかし、この農法も1960年代には見られなくなっている。

5. 今後の林業

①森林づくり県民税の導入

　日本の林業が戦後大きく変革する中で、国も2001年（平成13）に「林業基本法」を37年ぶりに大改正し、「森林・林業基本法」を制定した。新しい基本法の理念は森林のもっている水資源の涵養、国土の保全、林産物の供給などの多面的機能が持続的に発揮できるように、適正な森林の整備・保全が図られることを主眼とした。これによりそれまでの林業の経済的発展をおもな目的としていた考え方から、環境面にも配慮する考え方へ転換した。

　新基本法では、森林の多面的な機能を発揮するために、国・地方自治体の支援の必要性を示すだけではなく、森林所有者に対しても国土の一部としての森林という観点から「持続可能な森林経営」を求め、その責務を定め

ている。しかし、森林の財産としての価値が薄れたことで森林整備が遅れ、荒廃する森林が増加した。

　これに対処し、みんなで支える森林づくりのための新たな取り組みとして、長野県では里山を中心とした森林の整備に対して県民に費用負担を求める「長野県森林づくり県民税」を2008年から導入した。この税により、長野県は里山地域で間伐を中心とした森林整備を積極的に進め、2017年までの10年間で3万ha以上の間伐が行われた。これにより、手入れが遅れていた里山の森林が、少しずつ健全さを取り戻した。

　2018年（平成30）から第3期を迎えた「長野県森林づくり県民税」では多様な形で森林の利活用を推進する取り組みにも活用することが決まり、「信州やまはいく」認定園の活動フィールドの整備や学校林の利活用に向けた取り組みを支援している。加えてNPOや地域住民が森林と関われる取り組みに対する支援も進め、より幅広いニーズに向けた活用に努めている。

　こうした長野県の森づくりに関わるNPO法人「信州フォレストワーク」は、長野県の健全な森づくりを実践するため、長野県内各地で森林整備などの活動を行っている。森林の知識を学び、広く伝えることを目的とし、炭焼きやきのこ植菌、ログハウス造りなど、間伐材の活用を進めるなど循環型社会への取り組みも行っている。

　なかでも学校林の再生事業は「僕らの裏山プロジェクト」と名づけられ、長野市立松ヶ丘小学校校舎裏に広がる学校林「裏山」を子どもたちが遊び・学べる空間にするために森林整備を子どもたちと一緒に進めている。

▲僕らの裏山プロジェクト（長野市）

コラム 「林業立村」根羽村の取り組み

　根羽村は伊那地方のもっとも南西端に位置する人口908人（2019年3月）の村で、総面積の92％が森林、全世帯が山をもち村民と行政が森林組合を経営している。総世帯に占める林家戸数の割合が73％と県内の市町村の中では突出している（2015年農林業センサス）。根羽村では「林業立村」を目指し、村有林の一括管理などの合理化策や、より付加価値の高い木材加工への投資などを通じて「根羽杉」のブランド化を推進している。

　また根羽村の林業の大きな特徴は、下流地域の都市住民との交流を積極的に推し進めていることである。村の中央を流れる矢作川は、愛知県三河地方の水源であり、明治用水土地改良区が古くから村内の森林を水源地として造林してきた。下流の愛知県安城市とともに「矢作川水源の森」として山林48.2haを今後共同で育成していく事業が進展している。さらに「農泊」「田舎の親戚制度」「手仕事祭り」「グリーンツーリズム」などの事業を通じて、下流域の住民と農業体験、林業体験などにより積極的な交流をしている。このように、今後の林業や地域社会のあるべき姿を模索している。

◀根羽杉（根羽村）

▲製材された材木の出荷（根羽村）

第3章 水産業

▼日本のおもな内水面漁業魚種別漁獲量（2017年農林水産省統計）　　（単位：t）

		1位	2位	3位	
サケ・マス類	全国 6,221	北海道 3,727	岩手 697	青森 397	長野（7位） 128
ワカサギ	全国 943	青森 419	北海道 214	秋田 155	長野（5位） 9
アユ	全国 2,168	茨城 400	神奈川 381	栃木 264	長野（19位） 11

▼日本のおもな内水面養殖魚種別収穫量（2017年農林水産省統計）　　（単位：t）

		1位	2位	3位	
マス類	全国 7,639	長野 1,453	静岡 1,295	山梨 979	岐阜（4位） 446
コイ	全国 3,015	茨城 1,040	福島 871	宮崎 360	長野（4位） 123

1. 長野県の水産業の特色

①豊富な水産資源

　古くから長野県では、河川や湖沼で淡水魚を捕獲して、貴重な動物性
蛋白質源としていた。明治になり、鑑札さえ受ければ誰でも漁獲が可能に
なったため、1800年代末には漁獲高が最大となった。当時どの地域でも
漁業事業者がいた。また、当時の漁獲量(1897 ～ 1916年までの平均)を見
ると、シジミなど貝類401t、エビ78tであったが、今日では貝類とエビの
漁獲量はほとんどない。

　このように、しだいに内水面漁業(河川・湖などの淡水での漁業)や漁獲
物への依存度は大きく低下していった。とりわけ遡河性のサケ(シロザケ)・
マス(サクラマス)の激減は著しい。かつてサケは日本海側の千曲川・犀川・
姫川に、マスは日本海側の千曲川のみでなく、太平洋側の木曽川・天竜川

にも遡上（そじょう）していた。平安時代には信濃国は、越中国（富山県）・越後国（新潟県）とともに、サケの主産地であったことが『延喜式（えんぎしき）』（927年）にも記されている。1931（昭和6）〜33年長野県内のサケとマスの漁獲高はともに約64tで、サケ1匹の重さを3kgとすると約2万尾の漁獲があったことになる。しかし、これらの遡上魚の漁獲は、昭和初期から本格化した水力発電用ダム建設により激減した。

　現在長野県の河川や湖沼での内水面漁業においての総漁獲量は158t（2017年）と都道府県別では17位となっている。

②全国有数の内水面養殖

　長野県の内水面養殖業は日本有数である。内水面養殖業において長野県の漁獲量は1607t（2017年）で、都道府県別では全国第5位となっており、淡水魚の養殖が盛んであることがわかる。魚種別ではニジマスなどのマス類の養殖が全国第1位（2017年）となっている。これは魚類養殖（食用）に従事する経営体が196（2013年）と多いことからもうかがえる。

　しかし、一経営体の平均養殖面積が全国平均1万2063㎡であるのに対して、長野県の平均は2279㎡と大きく下回っており、経営規模が小さいことも特筆される。県内では佐久市、安曇野市明科・穂高、飯田市などで養殖池が多い。佐久市では伝統ある養鯉（ようり）のほかシナノユキマスやフナ、明科・穂高ではニジマス・信州サーモンをはじめとするマス類、飯田市では観賞用のコイ・キンギョの養殖がおもに行われている。

◀ニジマス（安曇野市）

2. 製糸業の発展と養鯉

　長野県内で水産養殖業の盛んな地域の多くは、もともとは養鯉から出発している。江戸時代に県内では佐久・下伊那・松代の3地域を中心に養鯉が発展し、さらに明治・大正期に県内各地に広がっていった。こうした中で、飼料をどのように確保するかが問題であった。

▲松代町に残る養鯉池（長野市松代）

　佐久地方ではすでに天保年間（1830〜43）に下仁田（現群馬県）から飼料として干蛹を仕入れ、製糸業の副産物である蚕蛹を飼料とする方法が始まった。明治時代になり県内に相次いで製糸工場が建設され、大量の蚕蛹が生み出された。それらを飼料として、長野県は明治末期から大正時代にかけて全国生産高の3分の1を占める第1位の養鯉県となった。その後、第二次世界大戦後にサケなどの遡上魚の漁獲が減少したことで、養殖漁業の導入が進められた。その結果、現在のような内水面養殖業が発達した。

3. ブランド「佐久鯉」

　佐久鯉の生産は、江戸時代の天明年間（1781〜88）に佐久郡桜井村（現佐久市）で始まった。その後、信州養鯉の県内生産量の3分の1から2分の1を佐久地方が占めており、県内養鯉の中心地であった。また佐久鯉を有名にしたのは、豊富な湧水など恵まれた自然環境や養鯉技術の改善などのほか、積極的な販路の拡大が行われたことである。1920年（大正9）には東京への出荷を試み、当時は「野沢鯉」「桜井鯉」「中込鯉」などの集落

◀佐久鯉の養殖（佐久市高柳）

単位で名称もさまざまだったが、1930年（昭和5）から「佐久鯉」のブランドに統一するなど積極的な販売戦略をとった。

　他県に比べて長野県の養鯉の特色は、水田養鯉が農家にとって優れた副業として発達したことである。この飼育方法は稚魚を水田に放流し、ミジンコや蚕の蛹（さなぎ）などを餌（えさ）とした。さらに水田には除草効果があり、コイの糞（ふん）が水田の肥料にもなった。しかし、こうした水田養鯉は化学肥料と農薬の使用によって1960年代半ばにはほとんど消滅し、養殖への転換が図られた。県内の養鯉は1973年の5107tをピークに減少に転じ、2017年（平成29）現在123tで、全国生産第5位に低下している。これは鯉の養殖技術の進展により大きな湖沼で網生簀（あみいけす）養殖での生産が可能となり、茨城県霞ヶ浦などで急激な増産がなされたことによる。その結果、魚価の低迷を招き、飼料費の高騰などもあり、県内業者の生産意欲が低下した。

　昭和初期には全国最大の生産地であった佐久の養鯉も衰退を防ぐため、2004年には佐久商工会議所が主体となって佐久鯉の振興を図る「佐久鯉人倶楽部」を立ち上げた。多くの市民が会員として参加し、佐久鯉の養殖復活の試みなど振興事業が進められている。

4. 全国屈指のニジマス養殖

　安曇野市穂高や明科で盛んなニジマス養殖は、静岡県に次いで第２位の収穫量となっている(2017年)。安曇野市での養殖は養鯉から始まった。天保年間(1831～45)に始まった養鯉は、特に地下水位が高く、水田には不適な湿地にコイの養殖池がつくられた。この地域では特に鯉仔の生産・販売が特色で、明治後期になって県内はもとより全国的に水田養鯉が広がりをみせると、その供給地としての役割が増大し、佐久・下伊那とともに県内有数の生産地に発展した。しかし、大正時代をピークとして、その生産量は第二次世界大戦後に急減した。これに代わってこの地に普及したのがニジマス養殖であった。ニジマスはアメリカ原産で、日本には1877年(明治10)カリフォルニア州から種卵10万粒の寄贈を受けたのが最初とされている。県下では1926年(大正15)長野県水産試験場の前身である県営犀川孵化場が明科町(現安曇野市)に開設された。種卵の供給や養殖技術の開発、養殖業者の育成指導が行われたことで普及し、1940年(昭和15)ごろから民間で養殖され始め、1950年代半ばから本格的に養殖された。安曇野市穂高・明科では豊富な湧水に恵まれていることもあって、現在では静岡県富士宮市と並んで全国でも屈指のニジマス生産地になっている。

◀ニジマスの養殖池
　(安曇野市明科)

■ コラム　戻ってきた信州のサーモン ■

　1950年代に遡上（そじょう）しなくなった信州に「サーモン」が戻ってきた。長野県水産試験場が開発した新養殖品種が「信州サーモン」と命名され、2004年（平成16）から出荷が始まったのである。

　「信州サーモン」はアメリカ合衆国原産のニジマスとヨーロッパ原産のブラウントラウトとをバイオテクノロジー技術で交配させた養殖魚。成長が早く病気にも強いだけでなく、今までのニジマスの養殖施設・技術が利用できるなどの利点がある。「信州サーモン」は、2～3年で、2kgほどの大きさになって出荷が可能になるため、需要にも柔軟に対応できる。また卵を産まないため、産卵のエネルギーがかからず、おいしさが凝縮されている。銀色の体とサーモンのような紅色の身が特徴で、肉厚で、刺し身などでの消費が期待されている。

◀▲信州サーモン

第4章 資源とエネルギー

▲木曽川の読書発電所（南木曽町読書）

▼都道府県別の包蔵水力と水系別包蔵水力
（資源エネルギー庁「包蔵水力」2017年）

（単位：GWh）

	都道府県名	包蔵水力
第1位	岐阜県	13,862
第2位	富山県	13,064
第3位	長野県	12,527
第4位	新潟県	12,311
第5位	北海道	9,946

	水系名	包蔵水力
第1位	木曽川	11,333
第2位	信濃川	11,116
第3位	阿賀野川	9,863
第4位	天竜川	6,467
第5位	利根川	6,385

1.電力供給地としての歩み

①豊かな水力資源

　「日本の屋根」と呼ばれる信州には日本アルプスなど急峻な山脈がそび
え、その谷間を源とする犀川・千曲川・天竜川・木曽川などのいくつもの
河川がある。このように長野県は豊富な水力資源に恵まれている。それを
裏付けるように、水力発電エネルギーの大きさを表す包蔵水力では、全国
第3位となっている。さらに水系別の包蔵水力では全国の川の中でも木曽
川が第1位、信濃川が第2位、天竜川が第4位で、このことからも長野県
が全国的に見ても有数の水資源の宝庫であることがわかる。

②電源開発の歩み

　日本の電力事業は1887年（明治20）の東京電灯の営業開始が最初である。長野県では1898年長野電灯が長野市の裾花川に茂菅発電所を建設し、電灯営業を開始したのが最初である。その後、県下

▲茂菅発電所跡（長野市茂菅）

各地に電灯会社が設立され、1919年（大正8）には県下で15の事業所を数えた。これらのうち信濃電気・長野電灯・松本電灯・諏訪電気などは電力供給量の多い事業所であったが、小規模な電気事業も村営・組合・個人で行われていた。これは山で集落が分断される県内において、おもに都市部で営業していた電灯会社から農山村に送電するのが難しく、身近で豊富な水力資源を利用して小規模に発電したためであった。

　その1つが竜丘電気生産組合で、これは下伊那郡竜丘村（現飯田市）を流れる天竜川支流の新川における発電事業のために、1913年に設立された。この計画を後押ししたのが製糸家であり、第一次世界大戦期に電力供給を開始し、この地方における産業の発展に大きく貢献した。このように本県の電力開発は養蚕・製糸業と深く結びついて発達したことも特色である。

　県内への供給を目的として各地に設立された電力会社とは違い、京浜・京阪神・中京など都市部への電力供給を目的とした、いわば電力の卸売会社が県内には存在しており、長野県は日本を代表する電力供給地であった。

③県外資本が多い水力発電

　明治時代から県下各地に誕生した中小電力・電灯会社は、昭和初期からしだいに統合により再編成された。さらに第二次世界大戦前後の国家統制のもと統合が進められ、1951年（昭和26）には現在の民営9電力会社と

なった。県下は中部電力のブロックとなったが、水系別の発電力において東京電力が信濃川水系（千曲川・犀川）に30の発電所をもち、最大出力が285万kWとなっている。これは、東京電力へと編入された東信電気・梓川電力などの卸売電力会社が戦前から信濃川水系の電源開発を行っていたからである。同様に関西電力が木曽川水系に22の発電所をもち、最大出力が約71万kWであるのは、関西電力の前身の大同電力が戦前から木曽川を中心に電源開発を進めていたためである。

　2017年（平成29）、県下の水力発電所数は181あり、その発電電力量は最大出力で765万kWである。おもな水系別に見ると、千曲川・犀川・天竜川ではどこも発電所の数はほぼ40か所であまり変わらないが、その最大出力では千曲川が約378万kWと県内の発電の38.5%を占める電源地帯となっている。ほかに犀川上流部の梓川に建設された安曇発電所と、高瀬川に建設された新高瀬川発電所の揚水式発電所の発電電力量が大きい。

2. 北アルプスの揚水式発電

①大容量の揚水発電所

　犀川の最上流部の梓川と高瀬川は、ともに北アルプスの槍ヶ岳に源を発している。槍ヶ岳から南流する梓川と、北流する高瀬川は松本盆地でもっとも標高の低い安曇野市明科の押野崎で合流する。この2つの河川の上流には現在、東京電力の大規模な揚水発電所がある。揚水発電とは、変動する1日の電気使用量のうち昼間のピーク時に発電をし、使用量の少ない深夜に、火力や原子力発電所の余剰電力を使って、下部ダム（貯水池）の水を上部ダムに揚げることに

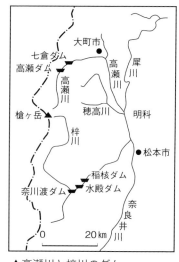

▲高瀬川と梓川のダム

よりふたたび昼間の電気使用に対応できるようにする発電方式である。これは通常の水力発電より多量の水量を使用することができ、大量の水を下部ダムが受け止めることにより、大容量の発電が可能となっている。したがって、日本の水力発電所で発電量の大きなものは上位20位までがすべて揚水式発電である。

②安曇三ダム

　槍ヶ岳から流れ出した梓川は、アルプスの山並みを深く侵食し深い谷をつくり、周囲の支流を合わせて松本盆地へ流れ出す。標高1500mの上高地から標高700mの松本盆地まで標高差800mの落差を利用して、大正時代からすでに10か所の発電所がつくられ、約10万kWの発電をしていた。その後、昭和初期にかけて上高地の大正池から取水して発電する霞沢発電所などの開発が行われたが、これらの発電は水路式であった。これに対して梓川本流を堰き止める大規模な電源開発が東京電力により、1964年（昭和39）から始まり、同69年に完成した。この開発は松本盆地の2万haに及ぶ大規模な中信平農業水利事業の一環でもあり、上流から奈川渡、水殿、稲核の3つのアーチ式コンクリートダムが建設された。

　奈川渡ダムは有効落差約135mを利用した安曇発電所で62万kWの発電に用いられ、水は下部貯水池の水殿ダムに放流される。さらに水殿ダムは有効落差80mを利用して水殿発電所で25万kWの発電に用いられ、水は稲核ダムに貯水される。この水はさらに下流の新竜島発電所で3万kWの発電に用いられる。水殿・稲核ダムに貯水された水は、深夜の余剰電

▲奈川渡ダム（松本市安曇）

力を利用して、奈川渡・水殿ダムに揚水されて、翌日の昼間の発電に備えるのである。このように梓川では約90万kWの最大出力の発電が行われるようになり、犀川水系の最大出力がいっきに増加した。

③巨大なロックフィルダム高瀬ダム

東京電力はさらに、犀川水系の高瀬川にも大規模な揚水発電所を建設

▲高瀬ダム（大町市平）

した。高瀬川は上流の湯股温泉で標高が1500m、大町市街地の標高がほぼ700mなので、その間24kmを標高差800mで流れ下る急流で、過去何度も大洪水を引き起こしている。高瀬川水系の電源開発は大正時代に東信電気（現東京電力）が5つの発電所を完成させ、4万kWの発電を行っていたが、これらの発電は水路式で高瀬川のもつ水力を十分に利用できていなかった。そのため、治水と合わせて東京電力が1971年（昭和46）から大規模な高瀬川の電源再開発を行った。大正時代の発電所3か所を廃止し、新たに高瀬ダムと七倉ダムを建設し、新高瀬川発電所を設置した。付近一帯が中部山岳国立公園であるとともに、深雪地帯で雪崩の常襲地帯でもあることから、発電所は唐沢岳の山腹を巨大な穴でくり抜いて地下に建設された。完成した上流側の高瀬ダムは高さ176mで、その堤高では黒部第四ダムの186mに次いで国内第2位であり、岩石や砂利を利用して積み上げてつくられたロックフィルダムとしてはもっとも堤高が高い。

3. 新しいエネルギーへの取り組み

東日本大震災以降、現在の石油・石炭などの限りあるエネルギー資源に替えて、太陽光・太陽熱、水力、風力、バイオマス、地熱などの再生可能なエネルギーへの転換が加速している。

長野県内の再生可能エネルギー導入施設は、太陽光発電569、小水力発電153、風力発電43、バイオマス発電11、地中熱利用65、温熱利用9などとなっている(2018年)。

■ コラム　日本一標高の高い南相木ダム ■

　2005年（平成17）12月に、東京電力が建設を進めていた神流川発電所の１号機が始動した。この発電所は長野県南相木村の信濃川水系南相木川の最上流部にある南相木ダムを上部ダムとして、群馬県上野村の利根川水系神流川の最上流部にある上野ダムを下部ダムとして、この間を水路で結び、その中間の群馬県側に発電所を設置した。６号機まで稼働すると出力282万kWの世界最大級の揚水発電所となる。

　揚水発電所の上部ダムとして建設された南相木ダムはロックフィルダムで、ダム上端の標高は1532mで、日本ではもっとも高所にあるダムである。南相木村は信濃川（千曲川）水系の南相木川の最上流部になるが、揚水発電の性質上、下部ダムの神流川の水を揚水するため、このダム周辺に降った雨は南相木ダムには流れ込まないように配慮されている。

◀南相木ダム（南相木村）

第5章 工業

▼長野県の製造品出荷額（経済産業省「平成30年工業統計表」）

年次	製造品出荷額(億円)		順位	全国比(%)	年次	主要産業の推移		
	全 国	長野県				1位	2位	3位
1950 年	23,722	291	19	1.2	1950 年	繊維	食料	木材
1960 年	155,786	1,712	21	1.1	1960 年	食料	繊維	電機
1970 年	690,347	9,690	21	1.4	1970 年	電機	食料	機械
1980 年	2,146,997	33,714	20	1.6	1980 年	電機	精密	機械
1990 年	3,270,930	66,225	16	2.0	1990 年	電機	機械	精密
2000 年	3,035,824	70,943	15	2.3	2000 年	電機	機械	食料
2010 年	2,891,076	56,383	19	2.0	2010 年	情報	電子	食料
2017 年	3,172,473	61,090	17	1.9	2017 年	情報	電子	機械

1.「蚕糸王国」長野県

①特化した電気機械工業

　長野県の工業は、情報通信機器製造の出荷額が全体の16.9%を占めて最大である（製造品全体のうち、情報は1兆3473億円。2018年）。電子部品製造などを合わせた電気機器製造の割合が高いのが特徴である。

　電気機器製造が県内で最大になったのは1970年代で、それ以前は繊維工業が盛んであった。しかし製糸業などの繊維関連産業が衰退する中で、電子機器・通信機器・電子計算機・電動機・音響機器などの需要が増加し、電気機器製造の割合が顕著になった。現在は、諏訪市、松本市、坂城町、長野市、須坂市、安曇野市を中心に電気機器製造が発展している。

　出荷額が多いのは、塩尻市の情報通信機械器具製造である。市町村別の製造品出荷額でも塩尻市、長野市、上田市、松本市が5000億円以上で、

安曇野市、飯田市、坂城町、茅野市、佐久市、千曲市などが続いている（2018年）。

　製造品で全国1位の出荷額となっているのは、寒天、味噌、ジュース、油圧バルブ、空気圧機器、射出成形機、真空ポンプ、圧力計、望遠鏡、顕微鏡・拡大鏡、カメラ用レンズ、水晶振動子、電気測定器、印刷装置、縫い針(ミシン針)、印刷装置、ウォッチ、クロック、ギター、スキー・スケート用具などである（2018年）。全国2位には、祝儀用品、線ばね、ピストンリング、双眼鏡、光学レンズ、スィッチング電源、コントロールユニット、理容用電気器具などがある（2018年）。

②製糸業の発展

　現在、長野県で最大の工業出荷額は情報機器製造(旧電気機器製造)であるが、明治初期から1940年(昭和15)までは、生糸(蚕の繭から取った糸)の生産が第1位であった。信州の生糸の生産は、古代から始まるが、明治時代になるとフランス式やイタリア式などの近代的器械製糸業が導入され発展した。信州で最初に器械製糸を始めたのは、1872年（明治5）諏訪郡上諏訪村(現諏訪市)の大深山製糸場である。同年県内には653の製糸場が操業していたが、その大部分は伝統的な座繰製糸であった。その後、器械製糸工場が各地で開設され、1882年には10人以上の器械製糸工場が598あり、稼働していた。しかし、たび重なる経済恐慌の影響を受けて1903年までにその4分の3近くが閉業している。

　1875年、須坂町（現須坂市）では零細な製糸業者が東行社という製糸トラストを結成した。製糸トラストでは揚返しという製糸の最終工程を共同化して品質の統一化を図った。また商社に依存することなく、生糸の共同出荷を行った。須坂の東行社を模して、

▲旧田尻製糸の繭倉（須坂市須坂）

1881年諏訪地方に開明社が結成され、片倉製糸は開明社に所属していた。この片倉製糸や須坂町の山丸組製糸などは、1890年代中ごろから製糸トラストから独立して、「組」という製糸企業をつくり経営規模を拡大した。

③製糸業から機械工業へ

　長野県の生糸生産高は、1880年(明治13)に群馬・福島の両県を抜いて、長野県は日本第一の「蚕糸王国」になった。この要因は、まず原料である繭を生産する養蚕が発展していたことが挙げられる。また製糸トラストの結成によって、製糸業の共同化を進め、経営規模の拡大が図られたことによる。この明治初期の製糸工場では、従業員が200人以上の工場は中野製糸場(中野市)だけで、ほとんどが100人以下の中小工場であった。生産された生糸の多くは国際商品として輸出されていた。

　製糸業では、原料を大量かつ安く確保する必要があった。そのため製糸家たちはカルテルをつくって繭価の高騰をおさえた。また鉄道が開通すると、製糸業者は国鉄に請願して、駅の設置を請願した。その結果、上田の製糸業者により信越本線の大屋駅が1895年に開設された。諏訪では中央本線の建設を促進し、1906年塩尻までの中央東線が開通した。また1916年(大正5)、片倉組は松本〜大町間の信濃鉄道(現JR大糸線)を建設した。この鉄道交通によって、原料繭や生糸、製糸工場の燃料である石炭、製糸

▲製糸工女の厚生施設だった上諏訪温泉片倉館（諏訪市湖岸通り）

▲旧山一組事務所（岡谷市中央町）

工女の輸送と移動が便利になった。

　さらに繭を購入するには莫大な購買資金を要するため銀行業が発展した。六十三銀行(現八十二銀行)をはじめ県下に100を超える銀行が設立され、製糸業者に融資する製糸金融が発展した。こうした製糸金融のほか交通運輸・倉庫業・製糸器械の製造など関連業を含み、大正時代から昭和初期にかけて長野県の製糸業が全盛期を迎えた。養蚕・製糸業・蚕糸関連産業の生産額が、全工業生産額の4分の3以上を占めた。

　生糸生産がピークに達した1919年には工場数が764、従業員が9万6349人を数えた。中には800人以上の大企業が生まれ、岡谷の片倉組は松本や須坂などの県内、群馬県、埼玉県などの1府23県、さらに中国や朝鮮にも進出した。

　ところが、1930年(昭和5)からの昭和恐慌で、繭と生糸の価格が大暴落をした。これにより、県内でも70にも及ぶ製糸企業が倒産した。そのため県内では6万人の失業者が出た。なかでも須坂の山丸組の倒産は大きく、失業者が3000人に及んだ。第二次世界大戦の勃発後は、アメリカへの生糸輸出が止まり、食糧増産のために桑園から畑になり、養蚕は衰退した。

　戦後、不足する外貨獲得策として養蚕・製糸業の復活が奨励されたが、長野県の桑園面積は1957年の3万732haをピークに減少し、2001年(平成13)では258haと壊滅状況になった。このようにわが国の養蚕が大きく衰退したのは、養蚕・製糸業における労賃が経済の高度成長とともに高騰したこともある。現在も世界の生糸生産は増加しており、なかでも中国産の生糸は大幅に増え、日本でも中国産の絹製品が使われている。

　1930年長野県下に731あった製糸工場は、岡谷市と下諏訪町に2工場が営業

▲旧宮坂製糸所座繰器械製糸工場(岡谷市東銀座)

しているのみである。これらの工場
は自動繰糸機を用いて生糸を生産す
ることもあるが、多くは座繰器械製
糸機で玉繭（たままゆ）から玉糸を生産してい
る。この玉糸は京都西陣に送られて、
高級絹織物をつくる素材にされてい
る。

▲旧片倉製糸迎賓館（須坂市小山）

④製糸業から電気機械工業へ

　諏訪地方は、内陸地方では全国でも少ない工業集積地域となっている。
長野県下では諏訪地方のみでなく、佐久・上田・長野・松本・伊那などの
内陸諸盆地で、電気・精密などの機械工業が発展している。これらの工業
は第二次世界大戦中から戦後にかけて製糸業と製糸業関連産業の遺産を継
承して、発展したものが多い。東洋バルブ（茅野市）は、大正時代から製糸
機械のバルブを生産してきた。この企業から戦後独立したものに、三協精
機（現日本電産サンキョー）、旧ヤシカやチノンなどの精密機械メーカーが
ある。

　第二次世界大戦中、アメリカ軍の空襲を逃れて長野県に疎開した工場も
多い。その中で、戦時中に諏訪市に疎開した工場との合併を経て発足した
諏訪精工舎は、現在セイコーエプソンという県下最大の企業になっている。

　戦後、内陸部の信州では、耐輸送性の強い電気機械工業が出荷額の大半
以上を占める。戦前の主力産業であった製糸業を含む繊維（せんい）工業の出荷額は
わずかであるが、製糸業によって培われた工業的風土が、長野県の製造業
を支えてきたのである。

2. 代表的な精密・電気機械工業

①日本有数の電機メーカー

　第二次世界大戦後、諏訪地方は「東洋のスイス」と呼ばれた。スイス同様

▲セイコーエプソン本社（諏訪市大和）

▲ JR すずらんの里駅（富士見町富士見）

に山岳地帯で農業だけでは地域経済が成り立たないので、狭い土地でも地域経済発展のため付加価値の高い工業製品を生産することが必要であった。そこで時計やカメラなどの精密機械工業を発展させた。

　現在長野県における工業出荷額が最大の企業は、この諏訪に本社を置くセイコーエプソンである。プリンター、液晶プロジェクター、半導体、腕時計、産業用ロボットなどを製造し、2019年（平成31）3月期の売上は1兆896億円（グループ連結）となっている。会社の前身である諏訪精工舎は、諏訪市で時計部品の製造などを行っていた大和工業と、戦時中に戦災を避けて疎開していた第二精工舎諏訪工場が合併して発足し、時計の生産をしていた。

　大和工業の設立と精密機械工業の振興には、大和工業創業者である山崎久夫とともに、当時の諏訪市長宮坂伊兵衛の尽力もあった。第二次世界大戦中の諏訪地方は製糸業が衰退し、その失業対策として工場誘致が急務であった。工場はまず諏訪市の味噌蔵を改造して稼働した。1964年（昭和39）の東京オリンピックで計時装置にセイコーが公式時計を担当したことにより、いっきに知名度を高めた。現在は製品の78.3％はプリンターやプロジェクターなどの情報関連機器、19.8％が半導体などの電子デバイスや腕時計、FA機器などである。諏訪精工舎とエプソン（旧信州精器）の合併にともない、社名も1985年セイコーエプソンに変更した。

諏訪市街地に本社を置くセイコーエプソンは、事業拡大にともない諏訪市だけではなく、松本や伊那など近隣の市町村にも次々と工場を新設した。1980年には、中央道の諏訪南ICの近くに富士見工場を開設した。これは富士見町が中央自動車道のインターチェンジ開業後、その周辺の有効活用としてセイコーエプソンに誘致をもちかけたからである。この工場では、従業員が通勤しやすいように、JR中央本線に「すずらんの里駅」を新設し、さらに工場内には大駐車場がある。

　エプソングループとして国内には17社、海外には67社があり、世界的な企業となっている（2019年）。

②ハイテク産業の町「坂城」

　人口約1.6万人の坂城町には製造業の企業が多くあり、2018年（平成30）の住民1人あたりの製造品出荷額1460万円は日本一となっている。ここは工業立地に必要な工業用地や工業用水、労働力が特に豊富であったわけでもない。

　それではなぜ坂城町が一大工業地となったのであろうか。坂城町の工場誘致活動は第二次世界大戦中の1940年代に行われ、最初の移転工場は1941年（昭和16）、宮野ヤスリ工場（現シチズンマシナリー）であった。その後1945年の終戦までに、日本発条や大崎製作所（現長野大崎製作所）、日置電機などが移転した。いずれも東京からの疎開工場で、空襲を避けるための移転であった。さらに1957年に町工場誘致条例が制定され、急速に工場が増加した。

　坂城町における工業の特

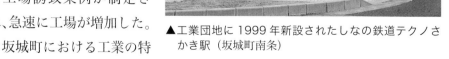

▲工業団地に1999年新設されたしなの鉄道テクノさかき駅（坂城町南条）

色は、自動車工業関連業種が多いことである。これは日本のモータリゼーションとともに発展し、都筑製作所などは自動車部品、日精樹脂工業は自動車のプラスチック成形品などを製造している。

　近年は円高やバブル期以後の経済低迷期などを経験した。この間海外に工場移転する大手製造業がある中で、省力化やハイテク化、ロボット化などを進めて生き残りの方策を模索している。

③県内企業の海外移転

　長野県の製造業は、情報通信機器や電子部品製造などの電気機器製造の比重が高い。長野県の製造業は明治から昭和前期にかけての製糸業、味噌・清酒などの醸造業、第二次世界大戦後に精密機械・電気機械などと主要業種が変化し、県内の工業をリードしてきた。2017年（平成29）には工業出荷額における電気機械の割合は42.4%を占めている。

　1990年代から、長野県企業の海外進出が盛んになった。2017年度末までに海外に進出した県内企業は1180事業所で、なかでも人件費の安い中国へは359社（香港除く）で全体の30.4%を占めている。その他のアジアが541社（全体の45.8%）になっている。これはアジア地域の賃金が安く、国内生産するよりも低価格にできるからである。近年中国の産業の進展により、部品まで現地調達できるようになったため、部品を輸出している県内製造業の国内生産量が減少している。

3. 地場産業

　経済産業省は地場産業を「地域性を有する産業、より具体的には地元資本による中小企業群が比較的広域な地域に集積し、その地方の経営資源（原料・材料、人材・販売網など）を活用して生産、販売活動を行っている産業」と定義づけている。

　長野県の地場産業として、寒天（かんてん）、えのきたけの栽培加工、野沢菜漬、味噌、半生菓子（はんなまがし）、ワイン、清酒、乾そば、凍り豆腐（こお）、紬（つむぎ）、ニット、轆轤細工（ろくろ）、

家具、仏壇、画枠、額縁、
水引、鋸・鎌、ギター、漆器
など挙げられる。

▲木曽漆器の製造と販売（塩尻市楢川奈良井）

①木曽漆器

　木曽漆器は400年前に飛驒高山から春慶塗の技法が伝えられたことに始まる。木曽漆器の産地は、当初木曽福島町八沢（現木曽町）、木祖村薮原、楢川村平沢・奈良井(現塩尻市)であった。明治時代、八沢には漆器業者が30軒あり、弁当などを入れる面桶を生産の主体にしていたが、大正時代のアルミニウム弁当箱の普及とともに業者は減少した。

　現在、木曽漆器は平沢と奈良井が中心である。1724年（享保9）の記録によると奈良井に塗物師44軒、檜物師99軒があった。当時製品としては八沢の曲物に対して、板物が主流で職人も曲物師よりも指物師が多かった。製品は丈夫で価格が安かったこと、近くの山から下地塗料となる「錆土」が産出することも利点であった。平沢の漆器は庶民の生活用具として発達した。高度経済成長期には需要が拡大し最盛期を迎えたが、日本人の生活の洋風化によって、木曽漆器の需要は減少している。かつては塗り櫛などの小物が多かったが、現在は座卓が30%、寿司・そば道具が20%、膳・盆が10%となっている。なかでもそば蒸篭は日本の6割を生産している。またここでは木曽漆器の後継者の育成にも力を注いでいる。1975年(昭和50)に木曽漆器は国の「伝統的工芸品」に指定され、翌年には木曽高等漆芸学院を開校した。しかし後継者不足や売上高の減少が課題となっており、新商品の開発や需要の拡大などで木曽漆器の活性化を図っている。

②全国一の味噌生産量

　長野県の味噌生産量は全国
一である。長野県味噌工業
協同組合連合会の会員数は
121社で、その出荷量は年間
20.95万t超で、全国シェア
の約49％を占めている（2017
年）。

▲信州味噌製造のタケヤ味噌（諏訪市湖岸通り）

　信州では第二次世界大戦後
まで、都市部を除いてほとんどの家で、自家製の味噌をつくるのが一般
的であった。信州味噌が全国で知られるようになったのは、1923年（大正
12）の関東大震災がきっかけであった。東京の味噌工場が全滅して、信州
味噌が東京や横浜に送られ、評判となった。当時、信州味噌の生産者は味
噌専業企業が一般的であった。また、諏訪地方をはじめ長野県の製糸工場
では、工女の給食用味噌を自家製造していた。そのため世界恐慌で打撃を
受けたこれらの製糸工場の中には、製糸業をやめて味噌製造業に転換する
工場もあった。戦後は1950年（昭和25）に長野県味噌工業協同組合が組織
され、原料の購入から製品の出荷まで共同で行うようになった。1953年
には団体商標「信州味噌」が登録可能になり、長野県でつくられた味噌だけ
が「信州味噌」というブランド名を使用できることになった。

③気候が育てた角寒天

　信州の寒天は、諏訪地方の高冷地の水田でつくられる天然の角寒天と伊
那市などの工場で生産される工業寒天がある。諏訪に寒天が伝わったのは、
1840年（天保11）玉川村穴山（現茅野市）の小林幾左衛門によるもので、現
在も茅野市宮川地区を中心にした約20の業者により製造されている。宮
川地区は標高780mで、冬には諏訪湖から乾燥した冷風が吹き、寒天が夜
に凍結して昼間解けることを繰り返す寒天製造に最適な気候となってい

る。

　寒天の原料はテングサ、エゴノ
リ、オゴノリなどの海藻であるが、
海女による国産のテングサが減少
したので、南アメリカのチリやペ
ルーなどからオゴノリを輸入して
いる。この寒天製造が内陸部の諏
訪地方で行われるのは、諏訪の寒
冷で乾燥した冬の気候に合うから

▲冬の角寒天づくり（茅野市宮川）

である。寒天の用途はゼリー、ヨーグルト、和菓子、ダイエットフードな
どの食品加工用が多いが、最近では健康食品やバイオテクノロジー医療な
ど応用範囲が拡大している。

　また工業寒天で知られるのが、伊那市西春近にある伊那食品である。
1960年代、工業寒天は天然寒天に比べ品質が均一で衛生的、裏漉しする
必要もなく、溶けやすいことから急速に普及し、現在寒天市場の60％は
工業寒天である。

④日本一の水引生産地

　飯田・下伊那地方では、江戸時代飯田藩主が殖産興業として、飯田椀、
紬、元結（まげや髪を結ぶために使う）などの生産を奨励した。なかでも元
結は副業として始められたが、1871年（明治4）断髪令で元結の需要がな
くなったので、元結から水引に生産を転換し、1935年（昭和10）ごろには
結納に使われる紅白水引の全国的な産地となった。第二次世界大戦後から
は結納が簡略化したため需要が減少したが、最大産地であった東京産水引
が減少したため、労働力の安いこの地方が一大産地となった。現在全国の
水引の70％が、飯田・下伊那地域で生産されている。なかでも飯田市鼎や
松尾地区に集中している。水引製造は1960年ごろまで手作業による手こ
き水引の生産が盛んであったが、その後機械化が進んだ。

現在飯田市の水引産業は、原材料であるクラフト紙は愛媛県から、第一次製品の生水引は京都府と愛媛県から仕入れている。この原材料を問屋が家庭内職者に渡して、加工を委託している。こうして各家庭でつくられた加工部品を問屋が集荷して、問屋工場で組み立てて完成品にする。2018年度（平成30）の、水引の生産額は32億円で、飯田・下伊那地方の地場産業ではもっとも多い。

▲水引の宝船（飯田市鼎）

工業統計では工場数20社のうち従業員5人以下が11社、労働基準局の統計では水引製造の下請けをしている家庭内職者は5000人以上いる。このように水引産業は典型的な問屋制家内工業となっている。

水引は使用する県や地方によって様式が異なる。そのため各問屋に得意分野があり、大企業が参入しにくい。また最近安い中国産水引が輸入されるなか、飯田・下伊那地方では高級水引として生き残りを図っている。

⑤評価の高い桔梗ヶ原のワイン

長野県では良質なワイン用ぶどうが生産されていることから、ワイナリーも全国2位となる47か所（2019年）あり、その数は増えている。

なかでも塩尻市桔梗ヶ原は長野県下最大のワインの生産地である。桔梗ヶ原では1890年（明治23）に里山辺村（現松本市）の豊島理喜治がぶどうを植え、大正初期にワイン製造に成功している。さらに小泉八百蔵がぶどうの木を寒さから守る「棚づくり」を始め、1919年（大正8）には林五一が、ワイン専用種のぶどうづくりを始めた。昭和に入り、大手のワインメーカーが進出し、第二次世界大戦後には本格的にワインが生産された。2012年（平成24）現在、8社1高校のワイナリーが塩尻市内に集中している。

▲地元資本のワイナリー五一わいん（塩尻市
　桔梗ヶ原）

▲上田紬の機織り（上田市前山）

　良質な桔梗ヶ原ワインが生産できるのは、①奈良井川扇状地の扇頂から扇端までの水はけが良いこと、②降水量が少ないこと、③日照時間が長く、さらに気温の日較差が大きいなどの気候条件が挙げられる。土壌は火山灰土で水はけが良い。また桔梗ヶ原ワインの発展は、ぶどう栽培技術の向上要因となっている。林五一農園は除草剤を使用せず、下草を肥料にする草生栽培（そうせいさいばい）を実施している。さらに従来の棚づくりから、ヨーロッパの日光がよくあたるぶどう園のような垣根づくり、管理がしやすい鉢植え栽培も行っている。ぶどうの品種もアメリカ東部原産のコンコード種やナイアガラ種から、醸造専用種のメルローやシャルドネなどフランス原産のヨーロッパ種も入れている。

⑥庶民の着物だった紬（つむぎ）

　紬は蚕（かいこ）の繭（まゆ）から取った絹糸で織った着物ではあるが、経糸（たて）か緯糸（よこ）に商品にならないくず繭（出殻繭（でがら））や玉繭からつむいだ糸（紬糸）を使っている着物のことである。もとは普段着として使用された。紬は一般には緯糸に紬糸、経糸に生糸を用いた。しかし、結城織（ゆうきおり）（茨城県）のように「両紬」といって緯糸・経糸ともに紬糸を用いる場合もある。

　紬は、明治期の洋服の普及で一時は衰退したが、1960年代半ばの紬ブームで上田は県内最大の紬生産地になった。上田紬は、1583年（天正11）真

田昌幸が上田に築城した際に、真田織として農民に織らせたことに由来する。江戸時代には、結城紬(茨城県)、大島紬(鹿児島県)と並び、日本の三大紬の１つに数えられ、丈夫で碁盤縞(格子柄)に特徴がある。

　上田の紬は機屋で、「染め」と「織り」が行われている。織りは多くが機械織りとなっており、その製造は長野市や佐久市まで広がっている。こうした機屋は「上田紬織物協同組合」に属し、新しい柄や製品の開発を行っている。なお上田紬・松代紬・有明紬・飯田紬は一括して信州紬という銘柄で国の伝統的工芸品に指定されている。

⑦全国初の伝統工芸品「松本家具」

　松本家具は16世紀後半からつくられ、江戸時代には松本藩によって製造が奨励された。松本は周辺に山地が多いため多種の木材が入手でき、また雨が少なく乾燥しているため木材が乾きやすく、さらに家具技術の進んでいる飛騨地方との交流があったことが、松本家具の発展に寄与している。

　第二次世界大戦後は、民芸運動により松本家具が見直され、1976年(昭和51)全国初の伝統的工芸品に指定された。また生活の洋風化で椅子やテーブルなどの洋家具も製造するようになった。材料のケヤキ、ウダイカンバ、ナラ、カツラ、ホオ、キリなどは松本周辺から入手している。また松本家具の多くは受注生産によるもので、１人の職人が木材の選定から加工まで一貫生産しているのが特色である。

◀松本家具の店 (松本市中央)

第6章 村落と都市

▲海野宿の町並み（東御市本海野）

◀長野市の大壁造りの町屋・「三河屋」（長野市長野東町）

1. 民家の形態

①長野市に多い大壁造り

　東北信の町屋には、柱を壁で塗り込める大壁造りの民家が多い。これは江戸時代の重要な街道である中山道や北国街道があり宿場町が多かったことと、火事による延焼を防ぐためである。

　長野市では1847年（弘化4）の善光寺地震で焼失した善光寺の門前町で、耐火性の強い大壁造りの町屋がつくられた。壁の厚さは5寸（15cm）ほどで、雪対策のためスギ材で腰板が張られていた。

　かつて製糸業の町として栄えた須坂市にも、大壁造りの町屋が多い。須坂の大壁造りの家は、製糸業で財をなした人びとだけでなく、医院や造り酒屋なども大壁造りで建てられた。現在、須坂では「蔵の町」として、大壁造りの建物を利用した町おこしが行われている。

　稲荷山（千曲市）や上田、小諸などでも大壁造りの町屋が見られる。なか

▲安曇野の本棟造り「山口家」(安曇野市堀
金烏川)

▲深雪地帯の中門造り「阿部家住宅」(栄村
大久保)

でも北国街道の海野宿(東御市)は、文化庁から「重要伝統的建造物群保存
地区」に指定され、北国街道の宿場町の町屋がよく残されている。幕末か
ら明治時代にかけての町並みで、建物1階の屋根の上に張り出し、装飾を
施した袖卯建や縦繁格子の家が建ち並び、テレビや映画など時代劇のロケ
にも利用されている。

②本棟造りの多い松本地方

本棟造りは、松本地方・伊那地方・木曽地方に見られる民家の建築様式
で、強い季節風が吹く、雪の少ない地方に多い。所有者は豪農や豪商が多
く、江戸時代中期から建てられ、現在残っているのは幕末から明治初期に
かけてのものが多い。造りは切妻造りの妻入りで、板葺きの石置き屋根に
なっている。また正面の屋根には「雀おどし(雀踊りとも呼ぶ)」という飾り
が見られる。間取りとしては、玄関を入ると玄関座敷とその奥に上座敷、
反対側には厩があった。平屋が一般的であるが、屋根裏にも畳を敷いて住
まいに用いている。今でも本棟造りで家を建てる人がいるが、「新本棟造
り」と呼ばれ、雀おどしはつけられていない。この本棟造りは中南信のみ
の建築様式である。

③深雪地帯に多い中門造り

中門造りは、青森県・秋田県・山形県・新潟県など日本海側の積雪の多

い地域に見られる。信州では信越国境の深雪地帯で見られ、寄棟・茅葺きの民家が多かった。屋根は正三角形に近い急勾配、重い積雪に耐える構造になっている。中門とは母屋につけられた玄関のことで、中門の屋根に積もった雪は玄関の左右に落とされて、入り口をふさがないように工夫されている。国の重要文化財に指定されている栄村大久保の阿部家住宅は茅葺きで寄棟屋根の母屋である。中門は茅葺き・入母屋屋根で、腰板が高いことから積雪が多いことがわかる。現在でも中門造りの形式を取り入れて建築される家がある。

④各地の気候風土に適した民家

　諏訪地方には、蔵を母屋の中に入れた「建てぐるみ」という建築様式がある。これは冬の寒さが厳しい諏訪地方で、母屋から土蔵へ出入りするのに便利なようにつくられている。

　伊那地方南部は木曽地方とともに長野県内でも降雨量が多く、夏の季節風による南風が強い。そのため母屋の南側には、「沫除け」と呼ばれる木製の板を設けている。また土蔵の南の壁に板を張って白壁がいたまないようにしている。

　木曽地方では、伊那地方同様に風が強く、降水量が多いので、1950年代まで水に強い板葺きの石置き屋根の家が多かった。屋根板には主としてクリやサワラを用いていた。

▲建てぐるみ（諏訪市中洲）

▲板葺きの石置き屋根（木曽町開田）

コラム　隔絶山村の秋山郷

　信越国境を流れる中津川沿いに、新潟県中魚沼郡津南町と長野県下水内郡栄村にまたがる地域があり、この里を秋山郷という。江戸後期、越後の鈴木牧之が『秋山紀行』の中で紹介した秘境である。1993年（平成5）、新潟県側に国道405号が開設され、整備が進んで通年通行が可能となった。かつては冬になると深雪に埋もれ、近隣の村々とさえ往来が困難で「陸の孤島」と呼ばれていたが、国道が開通して住民たちの生活も便利になった。

　夏は冷涼で、静かな秋山郷は近年では観光地として知られている。かつての生活からヒントを得て、観光事業としているものもある。たとえば、途絶えていた焼畑農法を復活し、自然農法でそばと赤カブを栽培しているのがそれである。毎年8月第1日曜日の「焼畑の火入れ」は観光の大きなイベントとなっていた。

　現在の秋山地区の生業は、民宿経営のほか、木工業、山菜加工があり、地場産のトチ、ブナ、カエデなどの木材から木鉢、茶盆、座卓などを製造し、山菜のフキ、ウド、ゼンマイ、ワラビなどを出荷している。かつて秘境といわれた秋山郷は、伝統を守りながらも静かにゆっくりと変貌を始めている。

◀秋山郷（栄村）

2. 村落の形態

①長野県に多い塊村

　長野県の集落形態は、家屋が不規則に立地した集落である塊村がもっとも多い。塊村では道路が不規則に走り、村の中心にはお堂や道祖神・庚申塔などの石碑が置かれている。また伊那の山村には、豪農の家を中心に村が形成された豪族屋敷村があり、塊村となっている。

　江戸時代の長野・飯山両盆地の千曲川沖積地では、自然堤防上に集落が立地している例が多い。そこでは塊村か道に沿って家屋が連なっている路村になっている。自然堤防は河川に沿った細長い微高地で周辺よりやや高いため、洪水になっても被害が少ないからである。江戸時代に開発された新田集落のほとんどが道路に沿った路村である。新田集落は江戸時代につくられた農業集落で、佐久市の五郎兵衛新田村はその典型である。

▲自然堤防上の集落（須坂市相之島）

②宿場町は街村

　街村は道路に面して家屋が並び、路村よりさらに道路への依存度が高い集落のこと。奈良井（塩尻市）・妻籠（南木曽町）・追分（軽井沢）など宿場町は街村である。宿場には本陣・脇本陣・旅籠といった宿泊施設や荷物を継立する問屋、飲食を提供する茶屋などがあった。また六斎市・九斎市といって月に6回、9回の市が開催された市場町も街村である。

▲旧中山道妻籠宿（南木曽町妻籠）

③信州では珍しい散村

　家々が１軒ずつ分散している集落を散村（散居村）という。富山県の砺波平野は典型的な散村として知られているが、信州では飯田市南部の松尾などの河岸段丘上に散村が見られる。江戸時代、天竜川の利水が進められてできた集落である。これにより耕地の中心に屋敷を置くことが可能になったからである。野辺山開拓地をはじめ第二次世界大戦後に開拓された集落には散村が多い。

■ コラム　信州の重要伝統的建造物群保存地区 ■►

　長野県では塩尻市奈良井、塩尻市木曽平沢、千曲市稲荷山、東御市海野宿、南木曽町妻籠、白馬村青鬼、長野市戸隠の７か所が重要伝統的建造物に選定されている。これは文化財保護法にもとづき、宿場町や城下町など歴史的な集落や街並みを保存するために定めた地区で、長野県では1976年（昭和51）に妻籠宿が初めて選定された。また2017年（平成29）には長野市戸隠が宿坊群として全国で初めて選定され、注目されている。

　こうした地区は、地域の活性化となるだけでなく、外国からの観光客を呼び込む起爆剤ともなっており、住民たちによる環境整備、防火活動などの努力により維持されている。

◀奈良井宿（塩尻市）

3. 都市

▲善光寺仲見世通り（長野市元善町）

▲長野冬季オリンピックで新しくなったJR
長野駅東口（長野市南長野）

①全国に知られる善光寺の門前町

　長野県の都市は、松本や上田は城下町、下諏訪町や木曽町は中山道の宿場町として発展し、多くは城下町や宿場町であった。ところが長野市の旧市街地は、善光寺の門前町として発展した。その善光寺の発祥は1300年前の瓦が見つかっていることから、白鳳時代（645〜710）には建てられていたことがわかっている。しかし、善光寺が全国的に知られるようになったのは、鎌倉時代以降で門前町が形成されてからである。

　江戸時代の善光寺門前町には、善光寺に属する院坊や仲見世(店)のみやげ物店街ができていた。善光寺の門前町として元善町・大門町・南之門町・東之門町・西之門町などに広がっていった。善光寺に参拝する人びとは、北国街道を南から来て大門町を直進して、善光寺の参道に入った。北国街道は大門町を東に曲がって越後高田、直江津に至った。大門町などは宿場町でもあった。

　1888年（明治21）に信越本線の直江津・長野・軽井沢駅が開業し、1893年に東京・直江津間が全通した。長野駅から善光寺まで約2km、その間の参道に沿って門前町が広がって長野市の中心市街地が形成されていった。

　善光寺の観光客は年間約642万人（2017年）、7年に1回の御開帳の年には900万人近い参拝者があり、軽井沢の約853万人に次ぐ信州第2の観

光地となっている。

②信州の都市の多くは城下町

　江戸時代、信濃には飯山（2万石）・松代（10万石）・上田（5.3万石）・小諸（1.5万石）・松本（6万石）・諏訪（3.3万石）・高遠（3.3万石）・飯田（1.7万石）の8つの城下町があった。いずれも町の中心には平城（平地につくられた城）があった。

　なかでも松本は幕末の人口が1万5000人で、当時の長野や松代町の1万人よりも多く、近世信濃では最大の都市であった。松本の城下町としての歴史は1590年（天正18）、石川数正・康長父子が松本城に入城し、城と城下の整備をしたことに始まる。また松本は地理的に信濃国のほぼ中心にあり、交通の要衝であったことも松本が発展した要因の1つである。中山道につながる北国西街道（善光寺街道）、飯田に行く伊那街道、越後に通じる千国街道、飛騨高山と結ぶ野麦街道などがあった。

　上田は、上田城を中心とした城下町である。上田城は平城で千曲川の段丘崖上に築かれた。上田城大手門前は上級武士の屋敷があったが、城跡には明治維新後、上田中学校（現上田高校）や図書館などが建てられた。また海野町と原町は町人町である。海野町は北国街道の宿場であった海野宿（東御市本海野）から、原町は城主の真田氏の故郷である本原（現上田市真田町）の住民を移住させた集落であった。

◀上田城址（上田市二の丸）

飯田市、飯山市や長野市松代町
でも、城下町の特色を残してい
る。一般的に大手門(追手)前の上
級武士の屋敷跡には、役所・学校・
図書館・公民館・銀行などが置か
れている。町人町は現在商店街と
なっているところが多い。さらに
地名として鷹匠町(鷹狩用の鷹を
飼育していた)や紺屋町(染物屋が
集まっていた)などは城下町らしい地名である。城下町の周辺には寺町が

▲多くの長屋門が残る松代 (長野市松代町)

あり、いくつかの寺院が建ち並んでおり、これらは城を守るためにつくら
れた。上田や松代の鍛冶町、上田の大工町、松代の紙屋町や肴町も城下町
らしい地名である。

　ちなみに長野市松代町は、10万石の城下町で人口が1万人ありながら、
市に昇格できなかった。日本に10万石以上の城下町は53あったが、市制
施行できなかったのは松代と淀町(現京都府長岡京市の一部)のみである。

③中山道・甲州街道と宿場町

　江戸時代、国内の重要な五街道のうち2つ、中山道と甲州街道が信濃を
通過していた。信濃の中山道には宿場が26宿あり、おもな宿場は軽井沢
―追分―岩村田―望月―長久保―下諏訪―塩尻―奈良井―福島―上松―
妻籠―馬籠であった。宿場町は江戸時代参勤交代のため、大名などが宿泊
する本陣や脇本陣が設けられ、荷物を中継して輸送した問屋や庶民が宿泊
した旅籠などがあった。1843年(天保14)の資料によるともっとも旅籠が
多かったのは、塩尻の75軒で、長久保43軒、下諏訪の40軒がこれに続く。

　宿場町の特色として、①平入りの建物が多い、②宿場町の中心地に本陣
や脇本陣、問屋が置かれ、周辺には旅籠があった、③宿場町の中で街道が
直角に曲がった枡形がある、などがある。現在でも妻籠(南木曽町)、奈良

▲中山道追分宿の分去れ（軽井沢町追分）

▲中山道奈良井宿（塩尻市楢川奈良井）

井（塩尻市）、鼠宿（坂城町）などには枡形が残っている。

④宿場景観を残す妻籠宿と奈良井宿

　中山道の木曽路にある妻籠宿は1976年（昭和51）、奈良井宿は1979年に「重要伝統的建造物群保存地区」に指定され、江戸時代の町並みが保存されている。

　妻籠宿（南木曽町妻籠）は馬籠宿（岐阜県中津川市）とともに木曽十一宿の南に位置し、信濃と美濃の国境近くにある。妻籠では1967年、地域住民を中心に古い宿場町を後世に残そうとする運動が始まった。脇本陣の奥谷をはじめ旅籠や茶屋が復元され、営林署になっていた本陣島崎家も再建された。さらに電柱を取り除き、自動車の乗り入れを禁止して江戸時代の風情を保持している。

　奈良井宿（塩尻市）は、江戸時代には難所の鳥居峠をひかえ「奈良井千軒」と呼ばれるほど栄えた宿場であった。実際は1832年（天保3）には旅籠を含めた奈良井宿の戸数は409軒、人口は2115人であった。現在も町並みは保存され、出梁（2階部分を出梁によって支える）、蔀戸（雨風を防ぐための戸）のある旅籠、漆器・面桶などの曲物を売る店がある。ここも電柱を地下に埋め、自販機・看板・野外広告は景観に配慮して設置を禁止した。

第7章 生活・文化

◀おやきづくり（小川村久木）

1. 食文化

①おやきと焼き餅（もち）

　北信の農村でつくられている「お焼き」はかつて囲炉裏（いろり）の灰（はい）で焼いたものであった。味噌を入れてなす餡（あん）などを小麦粉の皮で包み、まんじゅうにして蒸したり、あるいはフライパンなどで焼いたりしたものを「おやき」と呼んでいる。かつて囲炉裏（いろり）で焼いたことに、おやきの名称は由来している。飯田・下伊那地方の「おやき」は東北信のおやきとは形も中身も違い、まんじゅうではなく、せんべい状（薄焼き状）のものである。

　筑摩（ちくま）山地の筑北村、麻績（おみ）村、生坂村などでは、小麦粉のほか、雑穀などの粉でつくった「焼き餅」がある。よく練（ね）った小麦粉に旬の野菜や漬菜、ねぎ味噌、だいこんのそぼろなどを餡（あん）として入れ、表面を乾かしたあと、囲炉裏の灰の中に入れて焼くもので、最近では中山間地帯の農村で「焼き餅」を「おやき」「灰焼きおやき」と呼ぶようになった。県内では、おもに北信や中南信地方の山間部で焼き餅が食べられている。かつて焼き餅は、米食

の少ない山間部の常食で、日常食として食べられ、小麦粉を使った麦焼き餅、そば粉を使ったそば焼き餅などもある。

②伊那谷と木曽谷の御幣餅

御幣餅(五平餅)は伊那地方と木曽地方で食べられている。うるち米を硬めに炊き、すりこぎでつぶしたあと、だんごにして竹串に刺し、くるみだれなどをつけて焼く。春は山椒味噌、秋は柚子味噌をつけて食べることもある。「御幣五合」といわれ、1人あたり5合の米がいるほど焼きたては食が進むという。飯田・下伊那地方では、ヒノキなどの木串に米飯を草鞋形に張りつけ、焼いてから味噌・くるみ・ごまだれなどをつけて食べる。

③歳取り魚はサケかブリ

日本人の多くは大晦日の夜、つまり歳取りにはサケかブリを食べて正月を迎える。歳取り魚としてサケは、西の限界が上越の高田平野から、東北信の飯山・長野・上田・佐久の諸盆地、甲府盆地を結ぶ線である。その東にある越後平野・関東平野・東北地方はサケの文化圏となっている。日本でサケというとシロザケで、東日本では秋から初冬にかけて大量に獲れるため、歳取り魚にされた。

一方、ブリは日本近海で1年を通じて漁獲される。ところが歳取りに利用されるのは「寒ブリ」で、11月中旬から12月下旬にかけて佐渡の両津湾、富山湾、若狭湾などで獲れる。ブリは北陸地方、関西地方で歳取り魚とし

▲下伊那のわらじ御幣餅

▲ブリ

て食べられる。ブリの文化圏は上越地方の糸魚川平野、松本・諏訪・伊那などの中南信地方以西の西日本である。富山湾で獲れた越中鰤が、かつて飛騨高山経由で中南信や美濃国(岐阜県)へ送られた。越中鰤は信州に入ると飛騨鰤と名称が変わり、中南信では貴重な歳取り魚となっていた。ブリは成長とともにその呼称が変わり、縁起の良い出世魚といわれる。松本盆地など信州では、年末入手したブリの尾を切り落として、それを串に刺して神棚に供えている。これは1年間の家内安全を感謝し、来る年の繁栄を祈っての儀礼になっている。

中南信地方でブリを年末年始の「晴の食」として使っていることは、上方文化の影響が正月行事でも濃厚であることを示している。その点、東北信地方はサケを歳取り魚としており、越後や関東の文化圏と同一であることを示している。

④貴重なたんぱく質源となった昆虫食

長野県の南信地方では、「ザザムシ」と呼ばれるトビケラやカワゲラの幼虫が食され、たんぱく質が不足する山国信州の重要な食料になっていた。現在でも上伊那・下伊那の天竜川では冬になるとザザムシ漁(ザザムシ踏み)が行われ、初冬の風物詩ともなっている。ザザムシは幼虫のため小さく、四手網ですくい取るが、かなりの重労働である。取り子と呼ばれる漁師が獲ったザザムシは加工業者に売られ、甘露煮などにされる。

ほかにもイナゴやはちのこなどの昆虫が各地で食べられている。

◀信州の珍味はちのこ

⑤漬物王国・信州

　長野県を代表する漬物に野沢菜漬
がある。野沢菜は北海道から九州ま
で栽培されている。野沢菜と呼ば
れるようになったのは大正時代で、
野沢温泉に都会から訪れたスキー
ヤーがつけた愛称である。地元では
「蕪菜」と呼び、粕漬や糠漬にしても
食べている。

▲野沢菜洗い（野沢温泉村豊郷）

　野沢菜はその原種が天王寺蕪といわれるが、形は大きく異なる。野沢菜
の栽培は江戸中期の1756年（宝暦6）ごろから野沢温泉の健命寺で始まっ
たが、大正時代になると全県に拡大し、現在は全国各地で栽培されている。
これは野沢菜が漬菜の優良種で、味が良く、収量が多くてつくりやすいか
らである。長野県は全国シェアトップの生産量を誇っている。

　信州には野沢菜のほか稲核菜、源助菜、木曽菜、駒ヶ根菜、諏訪紅蕪、
羽広菜、清内路蕪（赤根大根）、開田蕪、王滝蕪、保平蕪など漬菜の種類が
多い。長野県や愛知県で栽培されている源助菜は、飯田蕪菜とも呼ばれる
明治期につくられた新品種で、現在下伊那郡泰阜村に採種圃がある。諏訪
地方で栽培される諏訪紅蕪は、茅野市の種子業者が採種をしている。南佐
久郡川上村では川上蕪という白蕪が栽培されている。松本市奈川の保平地
区では保平蕪という赤カブがその地域のみで栽培されている。稲核菜はか
つて中信地方の多くで栽培されていたが、第二次世界大戦後の野沢菜の普
及とともに栽培が急速に減少していった。

　御嶽山麓で取れる開田蕪・王滝蕪は糠漬する一方、その葉茎を乳酸発酵
させた菌を使ってスンキ漬にしている。長く雪に閉ざされた冬、交通の不
便な昔の生活では塩は貴重なものであった。その塩を節約するために生み
出され、塩をまったく使わない木曽地方独特の漬物である。家庭によって

▲スンキそば（王滝村）　　　　　　　▲そば切り発祥の地といわれる塩尻市本山

漬け方もさまざまであるが、味噌汁の具や酒の肴にもされている。地元のそば屋や食堂ではスンキそばが冬季限定のメニューとして人気である。

⑥そば切り発祥の地

　縄文時代から栽培されていた「そば」は短期間で成育するので、高冷地では五穀(主穀)の1つになっていた。そばを麺として食す「そば切り」がつくられたのは、戦国時代以降であり、それまでそばは「そば焼き餅」や「そばがき」にして食べていた。

　かつて米や麦が生産できなかった地で、そばはあわ・きび・ひえ・四国びえなどとともに主要食糧であった。そばは生育期間が80日と短く、高冷地でもできるので信州は栽培の適地であった。そのため信州には、そばの名所や名店が多く、長野市戸隠・安曇野市・飯山市富倉（つなぎにオヤマボクチの葉の繊維を使うそば切り）・信濃町柏原（十割そば）・木曽町開田（スンキそば）・伊那市高遠町（だいこんおろしで食べる）・川上村（梁越しそば）・山形村唐沢・山ノ内町須賀川などが知られている。かつては中山間地帯・高冷地で主食として食べられていた信州そばだが、今では名物として、観光の一翼を担っている。

■ コラム　戸隠そばと戸隠信仰 ■

　信州そばと聞くと「戸隠そば」をイメージする人が多い。これは江戸時代に戸隠そばを戸隠講で訪れる人びとに出したことで、全国的に知名度が上がったことによる。

　良いそばのできる条件は昼夜の気温差が10℃以上必要で、戸隠高原はこの条件に適している。また戸隠高原は夏そばが実る梅雨期と秋そばのできる10月に濃霧が発生し、これも良質なそばのできる要因とされる。このため「霧下そば」ともいわれる。そばの産地は一般的に稲の栽培に不適なところが多い。戸隠も標高900〜1200mと標高が高いため、以前から稲作は少なく、あわ、きびとともにそばが多くつくられていた。

　冷涼な気候に育つ風味豊かなそばを求めて戸隠には多くの観光客が訪れ、「戸隠そば祭り」やそばの収穫を感謝する「蕎麦献納祭」などのイベントや行事も行われている。

▲そば畑（長野市戸隠）

▶戸隠神社奥社（長野市戸隠）

2. 祭りと伝統芸能

▲遠山郷の霜月祭（飯田市南信濃・上村）

▲新野の雪祭り（阿南町新野）

　周囲を峻険な山に囲まれた信州には、いくつかの盆地が点在し、各地で独自の文化を育んできた。こうした先人たちから祭りや伝統芸能も営々と受け継がれて、今なお大切に守られている。特に隔絶された山間部では、その不便さゆえに伝統が守られ、独特の祭りや民俗芸能が伝承されている。

　長野県の中でも下伊那は、伝統芸能の宝庫となっており、全国でも知られる行事が数多く残っている。霜月祭（飯田市）、新野の雪祭り（阿南町）、坂部の冬祭り（天龍村）などは国の重要無形民俗文化財に指定され、ほかにも大鹿歌舞伎（大鹿村）、早稲田の人形浄瑠璃（阿南町）、和合の念仏踊り（阿南町）などが知られている。

　以下に代表的な祭りと伝統芸能を挙げる。

①遠山郷の霜月祭

　飯田市南東部の旧上村地区、南信濃村地区は、中世に遠山氏一族が支配していたことから「遠山郷」と呼ばれている。この地方は、西に伊那山地、東には南アルプスがそびえ、中央構造線に沿った遠山川がＶ字谷をつくり、そのほとんどが険しい地形となっている。しかし、南アルプスの山地は、比較的肥えているので1060ｍまで耕地が開かれている。30度を超える急傾斜地での生活は厳しいが、それは厚い信仰心を育て、遠山郷では「霜月

祭り」という優雅な伝統的民俗芸能を今に伝えている。

　霜月祭は太陰暦の霜月11月（太陽暦の12月）に、社殿に湯釜を築き、湯立神事を行う古式の祭りと面をつけての舞が、夜を徹して行われる。

②坂部の冬祭り

　天龍村では、1月4日に坂部地区で「坂部の冬祭り」が行われる。これは村最南端の「大森山諏訪神社」で行われる。日が暮れるころ、神輿の行列が境内の大松明の周りを練り歩き、湯立ての釜を清め、子どもたちの舞「花の舞」が始まる。明け方になって赤鬼が大まさかりを持って現れ、2人の宮人が持つ松明をまさかりで切る「たいきり面」が始まり、火は舞殿いっぱいに飛び散り、祭りは最高潮を迎える。1978年（昭和53）に国の重要無形民俗文化財に指定されている。

③諏訪大社の御柱祭

　「天下の大祭または「奇祭」」といわれる御柱祭は、7年目ごと（6年に一度）寅年と申年に行われる諏訪大社の神事でその規模だけでなく、勇壮さでも全国に類を見ない祭りである。「人を見たくば諏訪の御柱」といわれるくらい多くの観光客や地元住民が見物に訪れ、歩くのもままならないほどにぎわう。

　諏訪大社は諏訪市の上社本宮、茅野市の上社前宮、下諏訪町の下社「春宮」と「秋宮」の4社からなっている。御柱祭は、この4つの社殿の四隅に各1本ずつ計16本の神木を建てる行事である。正式名称を「諏訪大社式年造営御柱大祭」という。御柱祭がいつごろから始まったか定かではないが、1200年前の記録にはすでに書かれている。

　一の御柱は長さ8寸5尺(16.7m)、重量3000貫(11.3t)もあるが、この御柱以下は少しずつ小さくなる。1本の御柱に2000人以上の曳き手がついて、山からモミの木を曳き出す。上社では、モミの巨木を伐り出し、「山出し」、「川越し」（別名御柱洗い）、「里曳き」を経て、8本の御柱は本宮、前宮に曳行される。上社の御柱の最大の特徴は「めどでこ」という前後に2

◀諏訪大社下社の御柱の
木落とし（下諏訪町萩
倉）

本ずつつけた長さ4〜5mの棒に足場をつけたもので、このめどでこに若
者が群がり鈴なりになって曳かれる。その途中、茅野市穴山地区では道幅
が狭くなり、めどでこが民家の軒先を破壊することもある。祭りのクライ
マックスは、本宮・前宮での「建御柱」である。めどでこをはずして、先端
を三角錐にそぎ落とした御柱は、氏子を乗せたままロープで引き上げられ
ていく。そして大観衆の拍手で2か月に及ぶ大祭は幕を閉じる。

　下社の御柱は、霧ヶ峰の八島ヶ原湿原に近い観音沢奥の林から伐り出し
たモミの大木を曳き出し、社殿の四隅に建てる。伐採された御柱は、山か
ら里へ曳行され、5月の里曳き祭で社に曳きつけて建てる。途中100mに
も及ぶ崖を落とす「木落とし」があり、御柱祭の一番の見せ場となっている。

　諏訪大社下社では春と秋に「遷座祭」が行われる。これは2月1日に神
様が秋宮から春宮に移り、8月1日にふたたび秋宮に戻るというもので
ある。山にいる神が春になって里に下りて農耕を司り、秋に戻るとき収
穫を祝い感謝の盛大な祭りを行う。このとき、柴舟（角柱6本を組み合わ
せ、青柴で舟形に整えたもの、長さ8m）が曳き出されるので、この祭り
を「御舟祭」と呼んでいる。御舟の曳行に合わせて、時代行列、民謡流し、
長持行列や神輿が繰り出され、前夜の宵祭りと本祭りとにぎわいをみせる。
④穂高神社の御船祭

海のない信州でも県下各地の神社で御船祭が行われている。安曇野市内の御船祭は、その昔に北九州を拠点とする海人族であった「安曇族」が信州安曇野地方に移住したからだと伝えられている。

▲穂高神社御船神事（松本市安曇明神池）

なかでも安曇野市穂高の穂高神社では毎年9月26〜27日に御船祭が行われる。高さ6mの大きな船形の山車をぶつけ合う勇壮な祭りである。

上高地の明神池のほとりにある穂高神社奥宮では、毎年10月8日に御船神事が行われている。1951年（昭和26）から続けられる神事は神職が山への感謝と安全を祈り、雅楽の調べとともに明神池を舟で周遊する。

3. 観光

長野県は、年間約8708万人（2017年）の観光客が訪れる観光県である。信州への観光の目的では、52.6％は山岳・高原・湖沼に、18.4％が温泉に訪れている（2017年）。高原・湖沼に次ぐ目的が名所・旧跡で全体の27.8％である。このように信州の自然を求めて訪れる観光客が多いのが特徴となっている。

観光地別では、第1位が軽井沢高原853万人、以下善光寺642万人、上諏訪温泉・諏訪湖401万人、志賀高原・北志賀高原329万人、霧ヶ峰高原228万人、白馬山麓216万人、白樺湖193万人、上田城跡179万人、安曇野穂高温泉郷166万人、安曇野湧水群161万

▲旧三笠ホテル（軽井沢町三笠）

人と続く。東信では菅平高原・別所温泉、北信では戸隠高原・湯田中渋温
泉郷・飯綱高原、中信では上高地・黒部ダム・松本城、南信では蓼科・諏
訪大社など観光客が多い。

①減少するスキー人口

　長野県下には2017年度（平成29）で94か所（うち営業83か所）のスキー
場があり、その利用者は657万人となっている。1992年の2120万人を
ピークに長野県内のスキー場利用者は減少している。もっとも少なかった
2015年度は596万人で、翌2016年度は661万人と前シーズンを上回っ
たが、これは長野県で一体となった誘致運動に取り組み、首都圏をはじめ
全国への宣伝を強化し、サービスの拡充、ボランティアスタッフの育成な
ど利用客の増加に努めたからである。

　長野県には志賀高原、野沢温泉、八方尾根、栂池高原などのスキー場が
あるが、近年ではゲレンデスキーだけでなく、スノーボード、クロスカン
トリースキー、スノーシューハイクなど雪のレジャーも多様化している。

　スキーの中心地ともいわれる志賀高原のスキー場は、1929年（昭和4）
に開設された。志賀高原一帯にはサンバレー・丸池・ジャイアント・一ノ
瀬・奥志賀高原・熊ノ湯スキー場など20のスキー場がある。1998年の長
野オリンピックでは、回転とスノーボード会場になった。

▲志賀高原のジャイアントスキー場（山ノ内
　町志賀高原）

▲温泉街の奥に広がる野沢温泉スキー場（野
　沢温泉村豊郷）

野沢温泉スキー場は、1918年（大正7）開設された。村には「日本スキー博物館」があり、世界と日本のスキーの歴史がわかる。日本の近代スキーは、1911年（明治44）、オーストリアのレルヒ少佐が新潟県高田でスキー指導をしたのが始まりとされ、信州へは翌1912年高田師団が開催したスキー講習会に参加した飯山中学校教諭市川達譲が飯山にスキーを伝えた。

　白馬村を中心にした大糸線沿線は、スキー場13を数える県内でも有数のスポーツリゾートとなっている。八方尾根スキー場や栂池高原スキー場など北アルプスの山麓に広がる長く広いゲレンデが特徴である。またこの地域は民宿が信州で初めて開設されたところである。白馬村八方尾根スキー場では、長野オリンピックの際に滑降競技が行われた。小谷村栂池高原スキー場には、全長4120m という日本最長のゴンドラリフトがあり、春から秋にかけては登山者らに利用されている。

　その他、戸隠高原、乗鞍高原・菅平高原（いずれも1927年開設）、霧ヶ峰スキー場（1932年）、黒姫高原スキー場（1967年）など伝統のあるスキー場が数多くある。また1980年代以降、高速道やスノーマシンの普及により、降雪量の少ない東信や南信地方でもスキー場開発が進んだ。首都圏や中京圏から近いという地の利を活かし、八ヶ岳山麓や白樺湖周辺、南佐久地方、上伊那・下伊那地方などでスキー場が開設された。

▲国内最大級のダウンヒルのある八方尾根スキー場（白馬村北城）

▲日本初の高速道路と直結した佐久スキーガーデンパラダ（佐久市平尾）

■ コラム　日本初のスキーリフト ■

　日本で最初にスキー場にリフトが架かったのは、志賀高原の丸池スキー場と札幌の藻岩山スキー場で、1947年(昭和22) 1月のことであった。いずれも米軍専用のもので一般のスキーヤーは利用できなかった。

　丸池スキーリフトの建設は、建設会社にとっても初めての経験であった。リフト架設工事も十数年ぶりの大雪に見舞われ、資材の運搬も人力に頼るしかなく、危険と隣り合わせのたいへんな作業だった。しかし、当時としては画期的だったこのリフトが、のちの日本のスキー場近代化に大きな影響を与えた。この米軍専用リフトは講和条約が発動後、地元の業者に払い下げられた。

▲丸池リフト（山ノ内町志賀高原）

②特色ある温泉

　長野県は全国でも有数の温泉観光地であり、宿泊施設のある温泉地数は215、全国では北海道の244に次いで第2位となっている（2017年）。信州を訪れる観光客の18.4%（2017年）が温泉を訪れている。

　高度経済成長期の観光ブームで飛躍的に増大した観光客は、1973年（昭和48）の石油危機以降大きく減少した。温泉街も例外ではなく、1980年代以降これまでの大型団体旅行から小グループや家族での旅行が多くなった。さらに慰安旅行からスポーツレクリエーション型などにニーズも変化してきた。観光ブームで増改築を進めてきたホテルや旅館の中には、その後の宿泊客の減少により休業や廃業するところも出てきている。

　地域別におもな温泉地を見ると、北信では野沢温泉（野沢温泉村）・湯田中・渋温泉郷（山ノ内町）、東信では別所温泉（上田市）・鹿教湯温泉（上田市）、中信では浅間温泉（松本市）・白骨温泉（松本市）・穂高温泉郷（安曇野市）・大町温泉郷（大町市）、南信では上諏訪・下諏訪温泉郷（諏訪市・下諏訪町）・昼神温泉（阿智村）などがある。昼神温泉、穂高温泉郷や大町温泉郷を除いて各温泉の歴史は古く、上諏訪温泉のように縄文時代までさかのぼるものもあるが、文献から確認できるところでは、江戸時代に開湯されたものが多い。最近では気楽に温泉入浴が楽しめるクアハウスや健康ランドなどの日帰り温泉施設の利用が盛んになっている。民営施設のほか各自治体が運

▲鹿教湯温泉（上田市鹿教湯）

▲上諏訪温泉郷（諏訪市湖岸通り）

営するものや第三セクターで経営されているものもある。

　また諏訪市は全国でも珍しい温泉の多目的利用を進めている。上諏訪温泉は湯量豊富なことで知られ、その温泉をホテルや旅館などの宿泊施設で使用するだけでなく、市内各地に温泉水道を敷設して一般家庭や市役所、警察、駅、学校、工場、福祉施設などで1日1万5000tを利用している。また味噌工場では速成醸造に利用され、いちごの促成栽培、洋ランの栽培などにも使用されている。

③増加する登山者

　日本を代表する山岳県である長野県は、登山者が多く訪れ、観光の大きな柱ともなっている。2013年（平成25）の登山者数は73万人と、近年は増加傾向にあり、中高年者を中心に知名度が高い山岳への登山の人気が高い。近年、自然に親しむ登山ブームとなり、「山ガール」と呼ばれる若い女性の登山者も増加している。その一方で、遭難者も増えており、長野県では全国最多の297件（2018年）があり、そのうち60歳以上の遭難者が43.3％を占めている。

　また近年ではトレイル（山野を走る）と呼ばれる、自然や文化を楽しみながら山などを歩く旅が人気となっている。長野県でも2008年に新潟県境との全長80kmに国内屈指の「信越トレイル」が開通し、注目されている。

◀天水山付近のブナ林を通る
信越トレイル（栄村）

4.方言・民俗

①地域で異なる方言

　長野県は言語地理学的に見て、東日本と西日本の言語が入りまじり、複雑な言語文化圏になっている。広い長野県内では盆地や中山間地帯が多いことから、盆地ごとに特色ある方言がある。長野弁、松本弁、佐久弁、飯田弁・伊那弁などが挙げられ、それぞれ地域独特のものから地域を越えて話されているものまでさまざまである。県下各地で話されているおもな言葉の事例は次のようである。

方　　言	標準語・意味
いかず	行きましょう　行きませんか
えぼをつる	(子どもなどが)ふてくされる
きんな	昨日
さ、いけさ	さぁ、行きましょう
じっくになる	びしょぬれになる
じゃん　ばやん	爺さん　婆さん
ずくなし	怠け者
とぶ	(急いで)走る
こく　ゆう	言う
駅までとんでいかず	駅まで走っていこう

　元上田女子短大教授青木千代吉によると長野県の方言の特色をアクセント、文法、語彙などを考慮して地理的に見ると、大きく以下の5つに分けられる(なお現在の長野県の区分と一致しない地域もある)。

　　1.奥信濃方言　下水内郡栄村
　　2.北信方言　　飯山市、長野市、千曲市、下高井郡、上高井郡、上水内郡
　　3.東信方言　　上田市、佐久市、東御市、小県郡、北佐久郡、南佐久郡
　　4.中信方言　　大町市、松本市、諏訪市、伊那市、安曇野市、東筑摩郡、
　　　　　　　　　北安曇郡、諏訪郡、上伊那郡北部
　　5.南信方言　　松本市奈川、飯田市、駒ヶ根市、木曽郡、上伊那郡南部、
　　　　　　　　　下伊那郡

千曲川下流域の下水内郡栄村の方言は、新潟県中越方言と隣接しているため共通点が多い。中越方言は飯山市・野沢温泉村ではその特色が減り、北信方言の影響が強まる。また長野市鬼無里、信州新町、上水内郡小川村は中信方言に近い。さらに埴科郡坂城町は東信に接しているため方言も似ている。東信地方の北部では西関東の方言、南部では山梨県の方言と共通点をもつ。中信地方は南北に150kmと細長いため、北の小谷村は新潟県と似ている。木曽地方は鳥居峠を境に北部は東日本的要素と、南部は西日本的要素が入っている。南信地方は諏訪と上伊那は方言としては中信に属し、駒ヶ根市を東西に流れる大田切川以南は南信地方に入っている。

②子どもたちの祭り

　民俗とは社会生活、人の一生、住居、衣生活、食生活、生産・生業（なりわい）、交通・交易、年中行事、民間信仰、言葉と伝承など多岐にわたる。そのためここでは子どもに関係する祭りのみを挙げた。

1）十日夜（とうかんや）

　太陰暦10月10日を十日夜という。稲の収穫後に田に立てた案山子（かかし）を家に持ち帰り、庭先に立てて祀（まつ）り、供（そな）え物（もの）をする風習で、かつては県内各地で見られた。カカシアゲ・カカシの年取りなどとも呼ばれる。

　東信一帯では、この夜「トーカンヤ　トーカンヤ　トーカンヤノワラデッポー　ユーメシクッタラブッタタケ」などと子どもたちが叫びながら村中の家を回る。そのとき、藁束（わら）の芯（しん）にみょうがの茎（くき）などを入れて外側を縄でぐるぐる巻いたものを持って地面を叩きながら歩く。叩いてもらった家では、お礼として子どもたちに菓子などを渡す。村中を回り終わると、もらった菓子などをみんなで分け合って終了する。東信を中心に南信・中信・北信の一部の地域でも行われている。

2）七夕祭り

　7月7日は七夕であるが、長野県では旧暦の7月7日に近い1か月遅れの8月7日に行うところが多い。前日6日の早朝、さといもの葉にたまっ

▲七夕人形（松本市内田）

▲道祖神祭り（野沢温泉村豊郷）

▲双体道祖神（安曇野市穂高）

た露を取って墨をすり、短冊に和歌や自分の願いごとを書いて竹につるして、庭先に立てる。縁側に野菜やまんじゅうを供えたりもする。松本市周辺では、幅の広いうどんにあんこをつけたホートーを供える。

　七夕は牽牛と織女を祀る行事で、2つの星が1年に一度出合うという伝承をもつところが多い。一方で、この夜に雨が降らないと害虫がわくから雨が降ったほうがいいという伝承もある。また、この日に洗い物をするとよく落ちるという伝承も県下各地に広く見られ、硯・枡・髪の毛をはじめ、台所の道具や膳などを洗った。枡や硯はこの日以外に洗わないとしているところもある。ナノカビといって、墓掃除に行く日としている地域も多く見られる。木曽町開田の藤沢集落では、この日を盆の始めの日として、家の入り口で松明を焚いている。

　3）道祖神祭り

　信州では、道祖神か賽の神を祀っているところが多い。各地で呼び名も少しずつ変わっているが、村の入り口か出口の道端に多くある。また石仏がほとんどで、文字や神などが彫られている。なかでも安曇野では男女が仲良く寄り添った双体道祖神が多い。

　道祖神祭りは火を焚く祭りで、1月14日か15日の小正月に行われることが多く、下伊那地方を除いて全県で行われている。特に野沢温泉の道祖神祭りは国の重要無形文化財に指定されている。

中信地方の北安曇郡や木曽地方では、「サイノカミ」「セーノカミ」と呼ばれるが、松本市や安曇野市では「サンクロー」「ドーロクジン」「ドーソジン」「ドンドヤキ」と呼ばれる。この行事では各家で用いられたお正月の注連縄、門松やだるまなどが畑や水田に運ばれて燃やされる。子どもたちが主体の祭りで、火で餅を焼いたり、書き初めを燃やしたりして、1年間の無病息災や字がうまくなることを願うのである。

■ コラム　信州人気質 ■

　周囲を険しい山に囲まれ、冬の雪に閉ざされたイメージのある土地柄のせいもあってか、そこに暮らす信州人は議論好きで理屈っぽく、理想主義者で倫理観が強いが、協調性やユーモアに乏しいとされてきた。初対面でうちとけるのは難しいが、付き合いを重ねると深い信頼関係を結べる人情味豊かな県民であるともされている。

　諏訪市出身で考古学者の藤森栄一は信州人を評して、「信州人は辛抱強いという。政界でも財界でも、名門名跡を受けた人よりは、裸一貫から叩き上げた人が多い」としている。その反面で権威主義的な面もあり、進学などでも中央志向が強いとされている。

　県民意識が高いのも特徴の1つである。強い共同意識をもっているため県人会活動も活発で、老若男女を問わず県歌「信濃の国」が愛唱されていることからも県民意識の高さがうかがえる。また長野県は「教育県」ともいわれ、信州教育や文化に対する自負心も強い。大正時代に開設された上田自由大学や信濃木崎夏期大学などに代表される自由な学びの場は、今なお各地で活況を呈している。現在では大学進学率が40.0％（同全国34位・2019年）と高くないが、一方で公民館、図書館、博物館などの文化施設数は全国一を誇り、教育県の一端をうかがわせている。

III
地域から見た長野県

蔵造りの町（松本市中町）

第1章 北信

◀往生地から見た長野盆
地北部（長野市）

1. 概要　長野県一の人口

　北信地域は行政上、長野・千曲・須坂・中野・飯山の5市、埴科郡(坂城町)・
上高井郡(小布施町・高山村)・下高井郡(山ノ内町・木島平村・野沢温泉村)・
上水内郡(信濃町・飯綱町・小川村)・下水内郡(栄村)の5郡5町5村から
なる。北信は長野県東北部にあり、長野県全体(1万3562㎢)に対し、北
信の面積は2568㎢で全域の18.9%、面積は中信(33.4%)、南信(29.4%)
地域が広く、北信、東信(18.3%)は比較的小さい。人口では62.7万人(2016
年)で全県の30%を占めている。

　北信地域では千曲川が北に向かって流れ、長野盆地や飯山盆地を潤（うるお）してい
る。盆地の東部には上信火山帯、西部には妙高火山群と筑摩山地（ちくまさんち）がある。そ
の間にある長野盆地は千曲川の沖積地とその支流がつくる扇状地からなる。

　気候は高社山（こうしゃさん）(中野市)と中綱湖(大町市)を結ぶ線より以北の県北部では
日本海式気候区である。そのため信越国境へ近づくほど積雪が多くなる。
日本で最高の積雪量は新潟県板倉町柄山（からやま）(現妙高市)の818cm(1927年2

▲にぎわう JR 長野駅周辺（長野市）

▲蛇行する千曲川（中野市）

月13日）で、第２位は長野県の下水内郡栄村森宮野原駅の785cm（1945年２月３日）である。深雪地帯では一昼夜に新雪が１m以上積もることもある。

　長野盆地は年降水量が1000mm以下という降水量の少ない寡雨地域で、国内でも少ない地域になっている。そのためりんごやもも、ぶどうなどの落葉果樹の栽培に適している。

2. 地形　発達する千曲川流域

①善光寺地震と活断層

　1847年（弘化４）長野の善光寺付近を震源とする直下型の地震が発生した。これが善光寺地震でマグニチュード7.4（推定）といわれ、阪神淡路大震災の7.0とほぼ同規模の地震であった。おりしも善光寺の御開帳期間中で宿坊や旅籠に泊まっていた善光寺参りの人も多く、寺院・民家の倒壊や火事で8000 ～ 1万2000人が死亡した。さらに地震により長野盆地西部の岩倉山が崩壊し、犀川の水を堰き止め、発生後20日目にその堰堤が決壊、土砂とともに長野盆地北部に押し寄せ、集落・耕地とともに大勢の人びとが流されたという記録がある。これは断層運動にともなう地震である。長野盆地西縁一帯には活断層が集中し、活断層を境にして山地側が隆起し、盆地側が沈下している。そのため盆地の西側には富士ノ塔山、地附山、三登山、髻山など隆起した丘陵地が連なっている。

▲善光寺地震で落ちた鐘でできた柱の傷（長
　野市善光寺）

▲千曲川の自然堤防上の集落（須坂市中島）

②千曲川の「島と沼」

　長野盆地の千曲川沿いには、川中島、真島（ましま）、大豆島（まめじま）、屋島、福島、大島
など「島」がつく地名が数多くあり、長沼や赤沼など「沼」がつく地名もある。
河川が洪水時に河道から氾濫（はんらん）した沖積平野を氾濫原（はんらんげん）というが、千曲川の沖
積地には、この氾濫原が広がっている。氾濫原には自然堤防や後背低湿地
も含まれ、肥沃（ひよく）な水田地帯となっている。

　河川が運んできた砂礫（されき）が洪水時に河川の沿岸に堆積し、周囲よりも0.5～
4mほど高い微高地をつくる。これが自然堤防である。自然堤防は後背湿地
より冠水（かんすい）しにくいため集落が立地している。また自然堤防の畑地では、やま
のいも（長芋（ながいも））やごぼう、もも・りんごなどの野菜や果樹が栽培されている。
自然堤防が形成されると洪水が引いても水が戻らない低湿地ができる。これ
が後背低湿地である。水田が広がる屋代田圃（たんぼ）や延徳田圃（えんとく）は、千曲川の土砂
を運んで埋め立てた典型的な後背低湿地である。こうした自然堤防・後背
低湿地には、「島」という文字のつく集落が多く見られる。

3. 農業　日本一のえのきたけと巨峰ぶどう

①日本一のえのきたけ生産

　2017年（平成29）の全国のえのきたけ生産量のうち、長野県は63.9％
を占め、全国第1位となっている。長野県内のえのきたけは1955年（昭

▲えのきたけ栽培工場（中野市）

▲巨峰ぶどう園（中野市竹原）

和30）から中野市と下高井地方・飯山市を中心に栽培され、2017年には8万8712tを出荷している。えのきたけは、長野県農業改良課により深雪地帯の出稼ぎ防止策として生産が推進された。当初は栽培と消費は冬に限られていたが、1965年から冷房を備えた栽培法が確立されて、8〜9月の早期出荷が可能となり、冷房栽培が急速に広まった。

　中野市のえのきたけ栽培農家は124戸、生産量は5万2865tで、国内生産の約3割を占める最大の生産地である（2018年）。1975年に栽培農家1250戸、生産量1万1500tであったので、この間に農家数は10分の1に減ったが、生産量は4.6倍に増加している。これは栽培農家が専業化し、栽培の機械化や施設化によって規模が拡大したことによる。

②巨峰ぶどう特産地

　長野県のぶどう収穫量の76%は巨峰ぶどうである。県下の巨峰ぶどう生産地は、中野市や須坂市、東御市などである。なかでも中野市はぶどうの出荷額47億円で県内最大となっている（2018年）。中野市の巨峰ぶどう栽培地は、高社山（1351m）南西麓と夜間瀬川扇状地が中心である。その生産の歴史は、平岡区竹原の荻原勝巳により、1955年（昭和30）山梨県から初めて導入されたことによる。1970年には巨峰のハウス栽培が始められ、早期出荷が可能となったため、高価な巨峰が栽培できた。このような中野市の革新的な巨峰ぶどうの栽培方法は、1986年に日本農業賞を受けている。

4. 工業　期待される善光寺バレー

①電機業に特化した「善光寺バレー」

　長野市や須坂市、中野市、千曲市などにはハイテク産業が進出している。なかでも長野市の電気機械製造業の発展が著しい。これは1987年（昭和62）に「善光寺バレー」地区に指定されたことが一因である。「善光寺バレー」とは1987年に「長野県テクノ

▲更埴インターチェンジ近くの工業団地（千曲市屋代）

ハイランド（高度技術都市圏）構想」で指定されたもので、郷土の未来と産業を支える技術づくり、個性と創造性豊かな人づくり、うるおいと活力のあふれる町づくりを目指したものである。具体的には長野県下各地にハイテク産業を中心とした拠点を置き、地域産業の高度化と産業の創出を目的としている。善光寺バレーのほか、その拠点として浅間テクノポリス、アルプスハイランド、諏訪テクノレイクサイド、伊那テクノバレーがある。

　それにより工場団地も整備され、中野市高丘、須坂市松川・塩野、長野市川田、千曲市八幡・雨宮・屋代などで工場団地が形成された。

②印刷業の盛んな長野市

　長野市の製造業事業所数は499あるが、もっとも多いのは105の食料品製造業で、次いで87の印刷と同関連業種が多く、全体の17.4％となっている（2017年）。印刷と同関連業種は1968年に200あまりあったが、競合が激しく年々減少している。また産業別従業員数では食料品関係（4197人、20.8％）、情報通信機器（3012人、14.9％）、電子部品・デバイス・電子回路（2667人、13.2％）に次いで、印刷と関連業種（1953人、9.7％）が多い（2017年）。

　長野市に印刷と関連業種が多いのは、関東大震災以来、大きな市場である東京から発注される印刷を行ってきたからである。第二次世界大戦中は、工場などが戦災を避けるために疎開し、印刷業は長野市にまとまって

疎開した。その後も、東京の出版社や大
手印刷所、中央官庁・地方公共団体など
から定期的な受注があり、安定した経営
ができたことによる。印刷と関連業種の
従業員数は、4〜9人が31社で全体の
35.6%を占め、もっとも多い。

▲近代的な工場の大日本法令印刷（長
野市中御所）

　かつて印刷業は活版印刷が主力で、熟
練工による技術が印刷物の品質を左右していた。しかし1980年代に入りオ
フセット印刷が普及し始め、現在もその技術は日進月歩である。

■ コラム　飯山仏壇の町 ■

　飯山市愛宕町は、由緒ある11の寺院が並ぶ寺町となっている。そ
の寺とともにあるのが9軒の仏壇屋で、約300mにわたる通りに軒を
連ね、全国でも例のない「仏壇通り」となっている（2019年）。

　飯山の仏壇づくりは17世紀後半に始まったといわれる。仏壇屋が
飯山に多いのは、浄土真宗の寺が多く信仰心が厚かったこと、積雪が
多いため湿度が高く、仏壇の漆塗りにほこりがつきにくいという利点
があったからである。仏壇づくりには、優れた熟練技術が必要とされ、

飯山仏壇は高い技術で1975年（昭
和50）には伝統的工芸品に指定され
た。また品質の良さから直販率が
80%と高いのも特徴である。しか
し、近年では仏壇需要が少なくなっ
てきており、さらに安い中国産仏壇
が流入したことや後継者不足などに
より、仏壇の生産は減少している。

▲愛宕町の仏壇街（飯山市愛宕町）

5. その他　観光と地域活性化

①リゾート地・志賀高原と野沢温泉

　志賀高原は、春の新緑、夏の避暑、秋の紅葉、冬のスキーと年間を通して楽しめる観光地である。志賀高原で本格的に観光が始まったのは、1927年（昭和2）に長野電鉄が中野から湯田中まで開通してからである。1929年にはノルウェーのヘルゼット中尉が訪れ

▲志賀高原四十八池（山ノ内町志賀高原）

「東洋のサンモリッツ」と呼び、国際スキー場として認められた。1947年には、アメリカ進駐軍により日本初のスキーリフトが丸池に設置されている。一方、野沢温泉は温泉とスキーの村である。温泉としての歴史は古く、平安時代末期の開湯といわれ、近世からは湯治場（とうじば）として知られていた。スキー場は1918年（大正7）に開かれた。また村民の有志で野沢温泉スキークラブを立ち上げ、スキー場やリフトの開設、選手の育成などを行っている。

②過疎地域の村おこし

　長野市の西部は西山地方と呼ばれ、地形的には筑摩山地（犀川丘陵（さいがわ））にあたり、上水内郡小川村、長野市信州新町・中条・七二会・小田切（なにあい）などを指す。

　西山地方では明治期から昭和30年代まで養蚕が盛んであったが、その後は過疎化が進んだ。村活性化のため、長野市中条では観光の拠点として宿泊施設の「やきもち家」と長野と白馬を結ぶオリンピック道路沿いに「道の駅中

▲小川の庄（小川村久木）

条」を開設した。小川村では1986年（昭和61）に「小川の庄」という会社を設立し、「縄文おやき」のブランド名でおやき販売に力を入れている。この小川の庄でおやきを生産しているのは、すべて地元小川村の60歳以上の女性で、地域活性化にも一役かっている。

③独自のまちづくりを進める小布施

　小布施町は長野県でももっとも面積の小さい自治体で、町役場を中心とした半径2km以内にほとんどの集落が入る。人口は1万1027人（2020年2月）で、「栗と北斎と花の町」として自然環境や歴史遺産を活かした独自のまちづくりを行っており、現在では年間100万人を超える観光客が訪れる。1976年（昭和51）に開館した北斎館を中心にして、「外はみんなのもの、内は自分たちのもの」を合言葉に「町並み修景事業」が開始された。小布施町に変化が起きたのは、当時の市村郁夫町長が「どうすれば小布施が良くなるのか」「多様性に富み、近代化や合理化ではない、活力に満ちた自立する町にするためには」と考えたことに始まる。小布施町出身の市川健夫（東京学芸大学名誉教授）と須坂市出身の宮本忠長（建築家）にまちづくりを依頼して、修景事業が開始された。博物館や美術館、小布施独自の広場や小径、駐車場などが整備され、新旧が調和した魅力あふれる町となっている。さらにその活動は官民一体の広域的なまちづくりへと発展し、全国から注目されている。

▲葛飾北斎の作品がある北斎館（小布施町）

▲栗の小径（小布施町）

◀半過より望む上田市街地
（上田市小泉）

1. 概要　佐久・上田盆地の特徴

　東信地域は行政上、上田・小諸・佐久・東御の4市、小県郡（長和町・青木村）・北佐久郡（軽井沢町・立科町・御代田町）・南佐久郡（佐久穂町・小海町・川上村・南牧村・南相木村・北相木村）の3郡6町5村からなる。

　東信地方の地形は、北縁が日本有数の活火山である浅間山で、そこから西へ黒斑山、高峰山、湯の丸山、烏帽子岳と標高2000m級の火山群となる。これらの火山は東西約20kmに連なり、浅間・烏帽子火山群といわれる。約40万年前から活動する火山であり、その裾野は広大な山麓斜面を形成している。東縁は関東山地で標高2500m級の甲武信ヶ岳・金峰山などがあり、北方へ行くほど高度は低くなり、標高1500m程度の山並みとなる。これらの山塊では侵食が進み、露頭に奇岩の多い内山峡などの特色ある景観をつくり上げている。南西縁は八ヶ岳・蓼科山地から続く霧ヶ峰・美ヶ原の高原がある。特に富士火山帯に属する八ヶ岳・蓼科山は、南北に20km以上に連なる。200万年前から活動する火山群で、その周辺には広大な

山麓斜面が広がっている。このように盆地の北部と南西部に広大な山麓斜面が存在する景観は、険しい日本アルプスが存在する松本盆地・伊那盆地とは異なった景観である。

　これらの山系に囲まれた東信地方に降った雨のほとんどが流れ込む千曲川は、この地域では右岸に浅間・烏帽子火山群がそびえるために、佐久盆地南部の中込（佐久市）を過ぎた付近から流路は左岸側に押しやられたまま佐久盆地から上田盆地へと流れ、左岸の御牧ヶ原・八重原台地を深く侵食して、布引（小諸市）の険しい崖をつくっている。

　千曲川がこのような流路をとるのは、佐久盆地の南部と北部では性質の違う地形面があるからである。野沢・中込がある佐久盆地が千曲川の形成した沖積扇状地であるのに対して、小諸・御代田・岩村田などは浅間山の火山噴出物からなるシラス台地である。野沢・中込を流れてきた千曲川はその行く手を台地で阻まれ、大きくその流路を西へ変える。北部のシラス台地の南端は湯川と滑津川にはさまれた中込原と呼ばれる場所で、比高30ｍほどの急崖によって南部の千曲川氾濫原に接している。このため盆地北部では千曲川に流入する小河川の侵食作用によって、シラス台地面に深さ10ｍほどの侵食谷が多く発達している。この地形は「田切地形」と呼ばれ、佐久地方北部の特徴

◀浅間山の噴火によるシ
ラス台地（小諸市御影
新田）

ある景観となっており、小諸城はこの田切地形の尾根に築城されている。

　上田盆地は千曲川の中流部の海抜400〜600mにあり、長野県内の生活に利用されているの盆地の中では、長野盆地・飯山盆地に次いで海抜が低く、同じ東信地方の佐久盆地（標高645〜700m）と比較しても低地である。上田盆地東部は川東平野（かとう）とも呼ばれ、特に千曲川右岸側には段丘が発達し、千曲川の氾濫原が非常に狭いことが特徴である。上田城もこの段丘の縁の段丘崖を臨む位置に築城され、その段丘崖を自然の要害（ようがい）とする工夫がされている。このように上田では段丘面に古くから人びとがその生活の場を形成していたのである。

2. 気候　日本有数の寡雨地帯

　内陸性気候の特徴をもつ長野県の中にあっても、東信地方はその気候の特性が一段と際立っている。内陸県の長野県では降水量が少ないが、その中にあっても上田・佐久地方の盆地は降水量が少なく、日照時間が多い地域である。上田市がもっとも少なく、年間降水量(1985〜2015年の平年値)は890.8mm、佐久市が960.9mmとなっている。日本では降水量が少ない地域として北海道や瀬戸内海地方が挙げられ、北海道オホーツク地方では年間降水量700mm代、十勝平野で700〜800mmと寡雨（かう）(雨が少ない)である。

◀寡雨（かう）と長い日照による薬用にんじん栽培（上田市西内）

瀬戸内地方では岡山1106mm、高松1082mmと1000mmを超えており、北海道を除けば、東信地方は日本でも有数の雨の少ない地域になっている。これは長野県が海から遠く離れ、周囲を山脈に囲まれていて、台風・低気圧・前線などの影響を比較的受けにくい内陸性気候となっているためである。

　このような傾向は日照時間についても現れており、佐久・上田は年間日照時間が2500時間を超え、日本でも日照時間の長い地域となっている。また県内では松本の日照時間も長い。冬の月間日照時間が200時間を超えている地域は、県内では松本・諏訪の中南信地方と上田・佐久の東信地方で、これは関東地方と同じ太平洋岸の気候である。

3. 農業　日本一の高原野菜産地

　上田盆地は古くは信濃国府が置かれ、整然と区画された条里制（じょうりせい）の水田遺構が県下でもっとも多い地域である。このことから信州の中でも水田開発の先進地であったと考えられる。しかし、上田盆地の地形は千曲川の氾濫原（はんらんげん）が狭く、段丘面が広く分布するのが特徴である。この段丘面は一般的には乏水地のため開発が遅れるが、上田盆地では菅平（すがだいら）から流れる神川（かんがわ）を利用した河川灌漑（かんがい）による条里制水田が段丘上に見られる。また塩田平でも溜め池灌漑による条里制水田があり、古代から上田盆地の農業生産力が高かったことを示している。

　一方、佐久盆地では南部の野沢・中込（なかごみ）を中心とする地域が千曲川の沖積扇状地となっており、古くから開発が進み、稲作の中心地であった。しかし、盆地北部は台地で、西部には八重原（やえはら）・御牧ヶ原（みまきがはら）の乏水性の洪積（こうせき）台地が広がっているため開発は遅れた。この地域の農業開発が大きく進展するのは近世以降の用水路・新田開発を待たなければならなかった。これらの台地や浅間山・八ヶ岳の広大な山麓斜面は、古代より望月牧・長倉牧・塩野牧・新張牧（みばり）など御牧（みまき）（官牧）（かんぼく）が設けられ、馬の生産地でもあった。こうした高冷地は近世の開発のほか、軽井沢の大日向（おおひなた）や野辺山（のべやま）などのように戦後の

緊急開拓事業として開拓された地域もある。

　先人たちは高冷地での稲作を営むため、「温め」（用水路を迂回させ、水温を上昇させる灌漑設備）など数々の工夫をした。なかでも軽井沢の荻原豊次により開発された保温折衷苗代は、日本の稲作地域を北に広げる画期的な発明であった。さらに耐寒性品種の導入などにより、年々稲作の作付面積を拡大させた。

　東信の高冷地に大きな変化をもたらしたのが、高原野菜の栽培である。高原野菜栽培は、明治中期に軽井沢で外国人向けのキャベツ栽培から始まった。大正末期には近隣地にも栽培が普及した。さらに昭和恐慌後、桑園からの転換作物として高原野菜の栽培が試みられたことで、川上村・南牧村（野辺山高原）、菅平高原などで栽培が広がった。東信では、道路整備や1935年（昭和10）の小海線の全通により、首都圏へのアクセス整備が進んだことも高原野菜発達の重要な要因となった。

　現在、長野県は全国有数の夏秋野菜の産地であり、野菜生産は県全体の農業生産額の4分の1を占める主要部門となっている。なかでもレタス・キャベツ・はくさいなどの高原野菜は、東信が長野県の生産額の4分の3を占めており、その生産地はかたよっている。東信地方の中でも、川上村・南牧村、菅平高原がある上田市真田などが高原野菜の特産地である。高冷地や準高冷地に適した花卉の栽培も東信で盛んである。変化に富んだ気候条件や大都市圏に近いという立地条件は、県内でも東信地方がもっとも有利に働いており、自然条件に適した生産が進んでいる。

　果樹栽培も盛んで、東御市にある烏帽子岳の南西斜面では、巨峰ぶどうが栽培され、中野市に次ぐ生産地となっている。ここは標高800m以下で年平均気温が10℃前後、気温の日較差・年較差が大きく、年平均降水量が900㎜前後の寡雨地域であって、巨峰ぶどう栽培の適地になっている。この巨峰栽培は集団営農のため品質が均一化されており、市場への出荷、販売などの利点になっている。

■ コラム　御牧ヶ原の「白土馬鈴薯」

　御牧ヶ原は、小諸市・佐久市・東御市にまたがる標高700～800ｍの洪積台地である。古代、ここには望月牧が置かれていた。近世には近隣の入会地であり、その開拓は1870年（明治3）小諸藩の士族授産に始まった。主要な河川がないため水利の便が悪かったが、大小200余の溜め池による水田開発が行われた。しかし、重粘土質の土壌で毎年のように干ばつの被害を受け、1960年代に近代的な用水が整備される以前は、溜め池の周囲でわずかばかりの水田が見られる程度であった。

　第二次世界大戦後、養蚕の不振から薬用にんじんなど商品作物が導入され、その1つとして1950年（昭和25）から種馬鈴薯の栽培が始められた。しかし、ウィルス病による不合格品が多かったため、1954年より食用栽培に切り替えられ、共同出荷が始められた。これが白土

馬鈴薯で、しだいにその品質の良さが認められ、現在ではその評価は不動のものとなっている。白土馬鈴薯は肌が白くて、身がしまり、でんぷん価が高いが、その生産量はわずかである。そのため生産された馬鈴薯は関西の高級料亭などで消費されるために、一般市場には登場せず「幻のじゃがいも」とも呼ばれている。

▲収穫された白土馬鈴薯（小諸市）

4. 工業　輸送用機械と新興ハイテク工業

　東信地域の近代工業のルーツは、明治以降発展した製糸業である。蚕糸王国であった信州の中で、東信地方は器械製糸工場の釜数では明治から大正にかけて県下の約10%を占め、とりわけ丸子町（現上田市）で盛んであった。丸子町は、大正時代には岡谷・須坂と並ぶ県下有数の製糸の町であった。1886年（明治19）に初代町長の下村亀三郎により初めて製糸工場がつくられ、1888年依田社が創業すると、これを核に発展し、1912年（大正1）には製糸工場30余、従業員数6000名を超える製糸業の町となった。しかし、1929年（昭和4）の世界恐慌により県内の製糸業も大打撃を受け、弱小の工場の倒産や廃業が相次いだ。丸子町や上田市でも製糸業が衰退し、地方経済に大きな打撃を与えたため、大手工場の地方進出を促す工場誘致を積極的に進めた。この結果、丸子町と上田市には従業員1000人を雇用する鐘紡が進出した。さらに、その後の工場誘致と戦争による疎開企業が増えて、上田市では1944年までに軍需工場数は30、従業員は6000人に達した。

　第二次世界大戦後、疎開工場の引き揚げ・閉鎖などがあったが、多くの工場は平和産業に転換し、東信地方の工業の中核となった。アート金属工業や城南製作所などは、自動車の関連部品の主力製造工場として発展し、傘下に多数の下請け企業群が形成されている。上小地区の製造品出荷額は6164億円で、松本地域・長野地域・上伊那地域に次ぐ工業地域へと成長している（2017年）。その製造品出荷額の主力は、自動車のピストン、ブレーキなどの製造を行う輸送用機械部品であり、製造品出荷額に占める割合は上田市では20.7%、隣接する東御市では20.3%を占める（2017年）。

　一方、小諸・佐久地方では、商都や農業地域としての性格が強く工業の発展は遅れていた。しかし、第二次世界大戦後の工業化の進展にともない、各自治体が積極的な工場誘致や工業団地の造成を行うことにより、1960年代には工場の進出が見られるようになった。御代田町では1963

年にシメオ精密、ミネチュアベアリング(現ミネベアミツミ)が御代田工業団地に進出した。小諸市では1967年に日立製作所小諸工場、69年に長野沖電気、73年浅間技研が進出した。佐久市では1969年に三河田工業団地にＴＤＫ千曲川工場が進出した。このように小諸・佐久地方の工業の発展は

▲上田リサーチパーク内にある上田市マルチメディア情報センター（上田市下之郷）

1960年代からと比較的新しく、各自治体が主体となって造成した工業団地への工場誘致を積極的に進めてきたことが特徴である。

■ コラム　農民美術 ■

　上田・小県地方の代表的な工芸品の１つに農民美術がある。この農民美術は、1919年（大正8）に版画家・洋画家として知られる山本鼎（かなえ）らが提唱し、農閑期の副業として、また農民の生活に生きがいをもたせることを目的としていた。当初は神川（かんがわ）小学校の教室を借用して始まった農民美術運動は、しだいに本格的に講習が行われるようになり、昭和初期には長野県はもちろん東京、京都、福岡などでも作品が生産されるようになった。

　地域の風物を題材にした素朴な手彫りの木彫は、今なお室内装飾品や実用品など広い用途に使われている。1982年（昭和57）に長野県知事指定の伝統的工芸品に選定されている。

▲農民美術の作品（上田市）

5. その他　上田盆地と佐久盆地の都市機能

▲2007年に新しくなったJR上田駅（上田市天神）

▲北国街道の宿場町であった海野町（上田市中央）

　東信地域の上田盆地と佐久盆地では、その都市機能の分布で著しい差異がある。上田盆地での都市の発達は、上田市街地のほか、東御市田中で見られ上田市街地からは10kmほどの距離である。人口集中地区（4000人/k㎡以上）の人口は、上田中心部の4.7万人に対して、東御市田中0.5万人で、実質的には上田盆地における都市機能は上田市街地に集中している（2015年）。

　上田市街地の発展は、1583年（天正11）ごろに真田昌幸（さなだまさゆき）によって築城された上田城を中心とした城下町に始まる。1888年（明治21）に信越本線が開通し、上田駅が設置されると市街地が南部に広がった。さらに大正末期に丸子電鉄線が乗り入れ、東上田駅がターミナルになることで市街地は東へも延長された。上田市は、1919年（大正8）県下3番目に市制施行され、県下では第3位の商都、工業都市として東信地方の中心地になっている。

　これに対して、佐久盆地の都市の発達は小諸、岩村田、野沢・中込（なかごみ）、臼田（うすだ）で見られ、それぞれ5〜8kmほどの距離で発達している。これらの人口集中地区での人口はそれぞれ約5000〜1万2000人で、上田盆地に見られるほどの差異は認められない。佐久地域と上田小県地域の人口は約

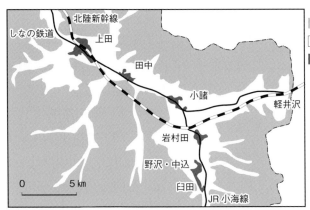

▲東信地域における人口の集中地区（2015年、国勢調査により作成）

▶小諸城址「懐古園（かいこえん）」（小諸市丁）

21万人とほぼ同じにもかかわらず、佐久地域では上田市に匹敵するような中心的な都市が発達せず、都市機能が分散している。これは佐久盆地の地形・自然条件、交通・産業経済などの社会環境に負うところが大きい。

　佐久盆地の北半部は浅間山の火砕流（かさいりゅう）が堆積したシラス台地で、台地には田切（たぎり）地形と呼ばれる侵食谷が見られ、小諸城はこの地形を利用して16世紀前半に武田信玄により築かれた。1590年（天正18）には仙石秀久（せんごくひでひさ）により、城郭と城下町が整備され、現在の小諸市の基礎ができた。江戸時代は牧野氏1万5千石の城下町で、北国街道の宿場町、佐久地域第1の市場町として発展した。近代の小諸は、第二次世界大戦後まで佐久地域の商都としての役割を担っていた。

　江戸時代の岩村田（佐久市）は内藤氏1万5千石の館町（やかた）で、城郭はなかった。中山道と佐久甲州街道の追分にあたるため宿場町として栄え、1879年に北佐久郡役所が置かれて、郡政の中心地ともなった。

　これに対して、佐久盆地における水田地帯は、臼田、野沢・中込が立地する千曲川の沖積地が広がる盆地南部だったのである。このように佐久盆地は大きく南北に分かれており、北部と南部の境界は中込原と呼ばれる広

163

大なシラス台地であり、この台地が南佐久郡と北佐久郡との境界となっていた。野沢は佐久甲州街道の宿場町、また中込は小海線(当時佐久鉄道)の開通 (1915年) とともに発達した駅前集落である。岩村田を含む浅間町・中込町・野沢町は1961年(昭和36)に合併して市制施行して佐久市となったが、このときにも岩村田と野沢・中込という2つの人口集中地区の中間にあたる中込原に佐久市役所庁舎が建設された。また1997年 (平成9) 9月には長野新幹線の開通にともなう県内唯一の新駅として、佐久盆地のほぼ中央に位置する岩村田地区長土呂の水田地帯に佐久平駅が開設された。

　2005年4月に佐久市は、臼田町・浅科村・望月町と合併して市域が広がる一方、北陸新幹線駅である佐久平駅の周囲には、大規模小売店舗の立地や首都圏への通勤者を対象とするマンションが建設されるなど市街地化が進んでいる。

　このように佐久地方の都市化は交通機関の整備や市町村合併を機に進んだが、それは上田市のように旧市街地に地域の求心性を生み出す方向には働かず、田園地帯に新たな市街地が形成され、旧市街地の役割が低下した。そのため佐久市岩村田商店街では活性化のため、商店街が運営する日本初の塾「岩村田寺子屋塾」や高校生チャレンジショップの開設など独自の取り組みが行われている。

▲長野新幹線の開通でできたJR佐久平駅(佐久市長土呂)

▲佐久市岩村田商店街 (佐久市岩村田)

■ コラム　信州の鎌倉「塩田平」 ■

　上田盆地西部の塩田平は「信州の鎌倉」と呼ばれ、鎌倉・室町時代の中世の遺跡や文化財が数多く残されている。なかでも別所温泉には国宝安楽寺八角三重塔や北向観音堂、独鈷山山麓には前山寺の三重塔（重要文化財）と中禅寺の薬師堂（重要文化財）などがあり、青木村当郷には国宝大法寺三重塔がある。こうした文化財が多く残された背景には、古くから塩田平が信濃の政治・文化の中心地であったことがある。

　鎌倉初期に源頼朝は塩田平に信濃国の地頭を置き、一族の島津忠久をあてている。鎌倉時代中期には塩田平は北条氏の直轄地になり、北条重時が信濃国守護となった。そして北条義政が執権を引退し、塩田平に館を構えると、鎌倉の文化を伝承した社寺が多く建設された。武田信玄は、塩田平を東信濃経営の拠点とし、北信濃への前進基地として重視した。また真田昌幸は、上田城に政治の中心を移したが、上田藩では塩田平を藩の重要な穀倉地帯として考えていた。

▲前山寺（上田市前山）

◀国宝大法寺三重塔（青木村当郷）

165

第**3**章 中信

◀松本盆地と北アル
プス（松本市蟻ヶ
崎）

1. 概要　構造線と北アルプス

　中信地域は行政上、松本・塩尻・安曇野・大町の4市、木曽郡
（上松町・木曽町・南木曽町・王滝村・大桑村・木祖村）・東筑摩郡（朝日村・
生坂村・麻績村・筑北村・山形村）・北安曇郡（池田町・小谷村・白馬村・
松川村）の3郡4町と11村からなる。

　この中信地域を大きく分けると北から北安曇地方、松本地方、木曽地方
となる。

　北安曇地方と松本地方にはフォッサ・マグナの西縁にあたる糸魚川－静
岡構造線が走っている。この構造線は、北アルプス（飛騨山脈）がほぼ東縁
となっている。北アルプスは南北100㎞、東西25㎞にわたる大山脈である。
標高3000m級のもっとも高い山地では、カール（圏谷）やU字谷などの氷
河地形が見られる。また梓川や高瀬川などが深いV字谷をつくり、北アル

▲四ヶ庄盆地（白馬村神城）

▲糸魚川－静岡構造線がある木崎湖西部（大町市平）

プスならではの美しい渓谷美をつくっている。こうした自然を求めて登山や観光で訪れる人が多い。なお1878年(明治11)ウィリアム・ガウランドが飛騨山脈を「日本アルプス」と命名した。その後、木曽・赤石山脈も「日本アルプス」というようになったので、区分するために、1906年日本山岳会が北アルプス、中央アルプス、南アルプスと名づけた。この北アルプスから流れ出る河川は、山麓に扇状地を形成している。

　平野部には、北安曇の四ヶ庄（白馬）盆地と県内最大面積の松本盆地がある。四ヶ庄盆地は、南北10㎞・東西3㎞の小盆地で、盆地の南北に姫川が流れる、糸魚川―静岡構造線に沿った地溝盆地である。信越国境の深雪地帯で、用水が豊富であるので水田単作地帯となっている。さらに付近には仁科三湖と呼ばれる青木湖・中綱湖・木崎湖の構造線に沿った断層湖がある。四ヶ庄盆地と松本盆地の中房川扇状地以北の地域は、粗い花崗岩の風化土壌のため漏水が多い。そのため、かつては稲作の単位面積あたりの生産量は低かった。第二次世界大戦後、洪積層の粘土を客土してから生産が大きく伸びている。

　松本盆地は、北は大町市、南は塩尻市までの南北約50㎞、東西約10㎞で南北に細長い。松本盆地は四方から流れ込む河川が多くの扇状地を形成している。松本市の面積978㎢は県内一となっている。

2. 農業　長野県の穀倉地帯

　松本盆地の北西部は、「安曇平」「安曇野」と呼ばれる長野県最大の穀倉地帯となっている。その範囲は梓川扇状地から、北は大町市まで広がっている。

　梓川左岸の扇状地は黒沢川、烏川、中房川、乳川、高瀬川などの扇状地が複合しており、北アルプスから流れる川が砂礫を運搬して堆積した。そのため扇状地の扇央部では乏水地となり、江戸中期までは水田として利用できなかった地域が多い。また中房川以北では花崗岩の風化土壌で漏水が激しく、水田には適さなかった。そこで室町時代から堰（用水路）による灌漑が始まり、水田開発が行われた。これは烏川や梓川の扇頂に用水の取入口をつくり、扇央・扇端で扇状地の傾斜に沿って用水路を設けたものである。水利権にしたがって用水を集落ごとに配分したのが、斜面をまっすぐに流れていく縦堰で、江戸時代以前から利用されていた。江戸時代には等高線と平行に流れるように横堰がつくられた。なかでも拾ヶ堰は、約12kmにわたる安曇野最大の堰で、奈良井川から取水し、570mの等高線に沿って烏川に至る。緻密な計算により1812年（文化9）に完成し、現在の安曇野市豊科、堀金、穂高などの水田を灌漑している。

　1961年（昭和36）、梓川の中流に奈川渡など3つのダムが建設されたが、

▲安曇野の田植え（安曇野市穂高等々力）

▲梓川の地下を横断する拾ヶ堰（安曇野市豊科高家）

そのダム設置のおもな目的は発電と農業水利事業であった。この地域開発事業は、中信平土地改良事業と農業構造改善事業を軸として、松本盆地の農業の近代化を図ったものであった。受益地は梓川流域の2万haに及び、第二次世界大戦後の国内最大級の事業の1つであった。

■ コラム　安曇野の水わさび ■

　安曇野市の穂高・豊科は日本最大のわさびの産地である。なかでも穂高の大王わさび農場周辺は、中房川、烏川、黒沢川、梓川の複合扇状地上にあり、北アルプスからの湧水が出る扇端部にあたるので伏流水が豊富である。その水温は12〜15℃と一定しているため、萎縮病や黒斑病などを防ぐことができる利点もあり、栽培適地となっている。

　わさびの栽培方法は、伊豆半島では沢水を利用した渓流栽培であるが、安曇野のわさびは湧水を利用する平地栽培である。

　この安曇野わさび田湧水群は、環境省が指定した名水百選の1つとなっており、清流を求めて多くの観光客が訪れる観光スポットともなっている。

▲伊豆わさびの渓流栽培

▶大王わさび農場（安曇野市穂高）

3. 工業　卓越した電機・食品工業

　中信での近代工業は、1890年（明治23）に松本で片倉工業によって製糸業が始められたことに端を発する。その後、第二次世界大戦中の1942年（昭和17）に富士電機が松本に疎開してきた。

　戦後の1964年には、松本・諏訪地区が新産業都市に指定され、1966年からは松本市内に木工団地、1967年からは松本空港の近くに西南工業団地、1970年から南松本に大久保工業団地が次々に造成された。1987年には山形村と松本市波田との境に県下最大の工業団地となる臨空工業団地（58ha、65社、2006年）が形成された。これは産・官・学が交流し、高度化・付加価値化を進めた先端産業の誘致を目的としていた。塩尻では、1961年に塩尻工業（現セイコーエプソン塩尻事業所）が腕時計の生産を始めた。1970年塩尻市広丘で信州精器広丘工場がプリンターの生産を始めている。現在ではセイコーエプソンとして地域企業の中核を担っている。

　松本盆地の工業の特色は、食品工業が卓越していることである。これは周囲に豊かな農村地域を抱えているためで、松本市内では協同乳業や森永乳業などが乳製品を生産している。またゴールドパックや長野トマトのトマトジュース、カンロ飴の飴、スドージャムのジャム、はやしや食品などの半生菓子などがある。なかでもトマト加工食品では、1957年に長野トマトがトマトケチャップなどの原料となる加工用トマトの契約栽培を農家

▲先端企業の集まる臨空工業団地（松本市和田）

▲松本市南部にある大久保工業団地（松本市笹賀）

と行い、安定した原料確保を目指した。その結果、加工用トマトで、長野県は茨城県に次いで全国２位の出荷量を誇るまでになった（2017年）。しかし、1974年からのトマトの輸入自由化で安いトマトが入り、1983年からの円高でさらに輸入量が増加したため、松本盆地のトマトはジュース加工専用となり、輸入トマトはケチャップやソースなどに加工されている。

■ コラム　安曇野市穂高の天蚕（てんさん）■

▲天蚕センターの飼育林（安曇野市穂高有明）

最高級の山繭糸（やままゆいと）を生産する天蚕は、安曇野市穂高有明地区を中心に飼育されてきた。安曇野西部山麓は国内でも最大の天蚕の飼育地で、第二次世界大戦後まで3000ha以上の平地林があり、そこで天蚕飼育が行われていた。現在は、安曇野市天蚕センターを拠点に天蚕の飼育が続けられている。

穂高有明地区は中房川（なかぶさ）扇状地上で、扇頂から扇央にかけては乏水地（ぼうすいち）であった。また堆積している花崗岩（かこうがん）の風化土壌は痩せており、おもにアカマツの矮生林（わいせいりん）となっていた。このアカマツ林にコナラ・クヌギを植えて、天蚕の飼育林にしているのである。有明は天蚕を飼育する５～８月の降水量が内陸性気候のため少ない。降雨が多いと病虫害を受けやすいので、天蚕の飼育に適していた。

天蚕から取られた糸は、光沢が美しく、丈夫で、手触りも良いなどの特徴があり、「繊維（せんい）のダイヤモンド」とも呼ばれ、珍重されている。用途としては，高価なため現在天蚕糸のみの絹織物を織ることはなく、生糸、紬糸（つむぎ）を交織した山繭紬が生産されている。近年では、ネクタイやインテリア素材として用途も多様化している。

4. その他　山岳観光の中心地

◀毎年4月27日に行
われる上高地開山祭
（松本市安曇）

①北アルプス観光

　北アルプスの観光は、明治後期の近代登山に始まる。これはイギリス
人宣教師のウォルター・ウェストンが1891年（明治24）から4年間かけ
て、飛驒山脈を踏破し、日本アルプスを内外に紹介したことに端を発す
る。1894年志賀重昂が著書『日本風景論』で日本近代登山の必要性を説き、
1905年には横浜の銀行員の小島烏水が中心となって、日本山岳会が創設
された。それにより明治末期から、アルプス登山が本格化した。1917年
（大正6）大町の百瀬慎太郎は大町登山案内組合を創設。白馬村細野では山
案内人が自宅に登山者を泊める民宿経営が始まった。また1934年（昭和9）
に北アルプスが中部山岳国立公園に指定され、登山者が急増した。

　この北アルプスの登山基地になったのが上高地である。上高地は1885
年に牧場が開設されてから、夏の間は牛が放牧されていた。その牛番小屋
が徳沢園であった。1904年上高地温泉にホテルが完成し、しだいに宿泊
施設が整備された。当初上高地へは島々谷沿いの徳本峠を越えていたが、
1933年釜トンネルが開通して車で上高地へ行くことができるようになっ
た。第二次世界大戦後には、登山者以外の観光客も押し寄せ、年200万人

172

以上が訪れる一大観光地となった。

　北アルプスは登山ばかりでなく、冬のスキーがある。なかでも白馬村には長野オリンピックのアルペンスキー会場となった八方尾根スキー場があり、ほかにも北アルプス山麓に長い伝統をもつスキー場が点在している。しかし、白馬村を訪れるスキー客は1991年（平成3）の280万人をピークに年々減少し、2017年には97.6万人になっている。そのうちの21％にあたる33万人が外国人スキー客となっている。

②木曽観光

　木曽地方の経済は、その多くを観光産業に依存している。木曽最大の観光地は、御嶽山と御岳高原である。御嶽信仰の信者は全国に200万人もおり、信者を含めて毎年33万人の登山者がある。また御岳高原がある木曽町開田は標高1000〜1300mで、この厳しい自然の中で仔馬の生産や厩肥（馬の糞尿を使った堆肥）生産が行われ、そのために木曽馬が重要な役割を果たしていた。しかし、農業の機械化などによって明治の最盛期に9000頭いた木曽馬は、一時絶滅寸前となったが1969年（昭和44）に木曽馬保存会が結成されてから増加し、現在150頭ほどが飼育されている。1982年長野県の天然記念物に指定され、1996年（平成8）には木曽馬の保存・繁殖、乗馬を目的とした牧場（木曽馬の里）が開かれた。

　中山道の宿場であった妻籠宿（南木曽町）や奈良井宿（塩尻市）は江戸時代

▲開田高原と御嶽山（木曽町開田）

▲開田高原の木曽馬牧場（木曽町開田）

の町並みをよく残している。妻籠宿は1975年「伝統的建造物群保存地区」に指定され、木曽北部の奈良井宿も同様に指定されている。古い宿場の雰囲気が残されおり、多くの観光客が訪れる場所となっている。文豪島崎藤村の生誕地である馬籠宿は、2005年の平成の大合併により、馬籠宿のある山口村が岐阜県中津川市に越県合併し、大きな話題となった。

　木曽は木曽桧をはじめとして林産資源が豊かである。それらを利用した伝統工芸も盛んで、木曽漆器、曲物、ろくろ細工、お六櫛などが生産されている。

③松本市の観光

　松本市には、全国にその名を知られる松本城がある。城は女鳥羽川扇状地の末端に位置している。1594年（文禄3）に完成した天守閣は、現存する5層の天守閣としては日本最古のもので国宝に指定されている。

　江戸時代には信州でも指折りの交通要地で、中山道につながる北国西街道(善光寺街道)、松本から越後に通じる糸魚川街道(千国街道)、松本の伊勢町から野麦峠を越え、飛騨高山へ通じる野麦街道があった。

　松本城の北には、1876年（明治9）に建築された擬洋風建築の旧開智学校がある。木造2階建ての明治時代初期の擬洋風校舎で、2019年（令和1）近代学校建築として初の国宝に指定された。松本駅の東には「あがたの森公園」「旧制松本高等学校跡」がある。旧制松本高校の木造校舎や講堂が残

▲松本城（松本市丸の内）

▲旧開智学校（松本市開智）

されており、重要文化財となっている。さらに浅間温泉や美ヶ原温泉などの温泉も数々あり、重要な観光資源となっている。

■ コラム　日本アルプスの父ウェストン ■

　明治維新後、日本では外国人によって、宗教目的以外で山に登る近代登山が始まった。イギリス人宣教師のウォルター・ウェストン(1861－1940)は、1888年(明治21)に来日し、1894年まで日本に滞在した。この間、北アルプスや南アルプスを登り、帰国後『日本アルプスの登山と探検』を出版し、世界に日本アルプスの素晴らしさを紹介した。

　ウェストンが初めて日本アルプスに登頂したのは、1891年で上高地から穂高岳に登頂している。また松本と上田を結ぶ保福寺峠に立ち、槍ヶ岳や常念岳などの北アルプスに見とれたと記している。

　毎年6月の第1日曜日に上高地で開かれるウェストン祭は、北アルプスの開山祭ともなっており、梓川右岸にあるウェストンのレリーフの前で行われている。

▲上高地にあるウォルター・ウェストンの碑（松本市安曇）

▲保福寺峠にあるウェストン碑（松本市四賀）

第4章 南信

◀飯田市街地（飯田市）

▲八ヶ岳と諏訪盆地

1. 概要　諏訪盆地・伊那盆地の特徴

　南信地域は行政上、岡谷・飯田・諏訪・伊那・駒ヶ根・茅野の6市、諏訪郡（下諏訪町・富士見町・原村）・上伊那郡（飯島町・辰野町・箕輪町・中川村・南箕輪村・宮田村）・下伊那郡（阿南町・高森町・松川町・阿智村・売木村・大鹿村・下條村・喬木村・天龍村・豊丘村・根羽村・平谷村・泰阜村）の3郡8町と14村からなる。

　南信地方は大きく分けると諏訪地方、上伊那地方、下伊那地方の3つに分けられる。盆地では諏訪盆地と伊那盆地になる。

　諏訪地方は中央高地の中央部に位置し、標高800〜1200mの蓼科山・八ヶ岳火山の南西麓と諏訪湖周辺の盆地の沖積地で構成される。諏訪盆地の西縁部はフォッサ・マグナの断層崖にあたり、諏訪湖は断層運動によってできた断層湖である。人びとの生活の中心はこの諏訪湖周辺の盆地の平坦部にある。諏訪地方のおもな生業は、精密機械・電気機械工業と観光業、農業などである。

　伊那地方は長野県の南西部にあり、中央部を天竜川が流れている。東に

▲田切地形（飯島町七久保）

▶天竜峡（飯田市龍江）

南アルプス（赤石山脈）とその前山である伊那山地、西には中央アルプス（木曽山脈）が、いずれも南北方向に走っている。その間に複合扇状地と河岸段丘をもつ伊那盆地（伊那谷）がある。南アルプスと伊那山地の間には、西南日本を日本海側の内帯と太平洋側の外帯とに分ける中央構造線がある。つまり伊那盆地は断層活動によってできた細長い谷状地形の地溝で、南アルプスや中央アルプスは逆に断層運動により隆起した地塁（両側が平行に並ぶ断層で落ち込み、間にはさまれた部分が高くなった地形）である。

　天竜川に流れる河川は中央アルプスからは45、南アルプスからは38あり、山麓で扇状地を形成している。さらに大田切川・中田切川・与田切川などの河川による侵食谷が田切地形をつくっている。

2. 気候　内陸高冷地と東海型気候

　諏訪の気候は、最低部の諏訪湖（標高759m）でも準高冷地で、内陸性気候となっている。そのため夏季の最高気温の平均は諏訪市で29.3℃（8月）になるが、最寒月である1月の平均最低気温は－5.9℃にもなる。信州の他盆地に比べても年較差が大きいのが特徴となっている。

　伊那盆地はおおむね太平洋型気候で、降水量は南へ行くほど多く、飯田市で1600㎜、愛知県境では2500㎜、南アルプスでは3000㎜を超えるところもある。そのため1961年（昭和36）6月下旬の梅雨期に起きた三六災害のような集中豪雨がしばしば被害をもたらしている。伊那地方南部の気候は温暖で、茶や柑橘類の柚子が栽培されている。

3. 農業　山麓農業と果樹栽培

①八ヶ岳山麓の農業

　諏訪地方の農業の中心は、八ヶ岳南西麓の山浦地方である。標高800〜1300mの高冷地で冷涼な気候であり、夏季の気温日較差が大きい。そのためセルリーやキャベツのなどの高原野菜とリンドウ、トルコギキョウ、カーネーションなどの花卉(かき)栽培が盛んである。

▲県花のリンドウ

　セルリーの栽培が始まったのは、昭和初期の玉川村 (現茅野市玉川) で、1950年代後半から本格的に栽培されている。玉川地区は夏季の気温が20℃前後でセルリーの栽培に適しており、露地(ろじ)とハウスで栽培を行っている。このセルリーの収穫量は、長野県が1万4000tで全国一となっており、なかでも諏訪は生産量が多い地域となっている (2017年)。現在、高原野菜の生産は原村などの広い栽培地が得られる場所に移転している。

　花卉は1935年(昭和10)ごろから始まり、第二次世界大戦後に生産量が増加した。それは洋キクやアスターなどで行うシェード栽培という短日処理法(花を黒い板紙や簾(すだれ)で覆い、日照時間を短縮する方法)にある。茅野市米沢ではリンドウ栽培が盛んで、県内の半分を生産している。また富士見町を中心にカーネーション、原村ではトルコギキョウやスターチスなどの栽培が盛んである。

②西天竜用水開削と果樹栽培

　伊那地方は扇状地と河岸段丘が多く、稲作は水利条件によって栽培地が変わってくる。水田地帯は、天竜川の氾濫原(はんらんげん)と大田切川・中田切川・与田切川などの灌漑(かんがい)用水が整えられた伊那市西春近(にしはるちか)や宮田村、飯島町、駒ヶ根市赤穂などである。それ以外の段丘や扇状地の多くは畑作地、もしくは平地林であった。1922年 (大正11) から7年かけて天竜川から取水する西天

▲りんごと和なし園（松川町元大島）

▶西天竜用水路の分水槽（南箕輪村大泉）

竜用水路が開削された。それにより1928年（昭和3）までに1183haの水田が造成された。また天竜川西の竜西地区、東の竜東地区でも灌漑水路が整備された。ともに戦中・戦後の食糧増産を目的にしたもので、西の竜西一貫水路は1942年から1969年にかけて開削され、中川村から取水し、松川町・高森町・飯田市座光寺〜川路の水田1035haに灌漑している。一方、竜東一貫水路は小渋川総合開発によるもので、1979年完成、松川町・豊丘村・喬木村・飯田市下久堅に至る水路である。当初は水田開発を目指したものの、水稲減反政策などにより、りんごやなしなどの果樹園となっている。

　果樹栽培はこの地域の農業の大きな特徴となっている。松川町から高森町、飯田市西部にかけてはなし・りんご・ももなどの産地となっている。なかでも二十世紀なしを中心とする和なしは、1915年に下伊那郡大島村（現松川町大島）の鈴木源三郎が初めて栽培し、昭和に入り東京市場に出荷した。昭和恐慌後の養蚕に替わる作物として第二次世界大戦後、栽培面積が増加した。ここは年降水量1000〜1200㎜、年平均気温12〜15℃、水はけの良い土壌であって、なしの栽培に適している。

　現在は糖度の高い「豊水」や「幸水」などの赤なしが増えているほか、りんごとももとの複合経営をしている農家が多い。りんごの木の高さをおさ

えた矮化栽培は喬木村や豊丘村、ももの栽培は高森町・飯田市座光寺などで行われている。また松川町や飯田市龍江では、中央自動車道のインターチェンジ周辺でりんごやなしなどを直接販売する観光農園が多くある。

4. 工業　製糸業からの転換

　諏訪盆地の製糸業は明治初期に器械製糸技術を導入し、1930年代まで国内をリードしてきた。この諏訪地方で製糸業が発達した理由として、農家の零細経営が挙げられる。1戸あたりの耕地面積が狭かった(1875年下諏訪村41a、長地村・豊田村71a)ため、農家の副業として製糸業が始められたのである。したがって当初、製糸業は家内工業であったが、それが工場制製糸業へと転換していった。第二次世界大戦中に製糸業は衰え、疎開してきた軍需工業に転換した。戦後の1964年(昭和39)、松本とともに内陸地域で唯一の「新産業都市」に指定され、軍需工業から転換した精密機械・電気機械工業が発展した。さらに大企業の下請け工場の集積も進んでいる。製造品出荷額では、諏訪地域で長野県全体の9.5％を占め、松本、長野、上伊那、上小地域に続く出荷額となっている(2017年)。

　伊那盆地では、企業製糸に対抗するため、養蚕農家による日本最初の組合製糸が1905年(明治38)に創立され、1914年(大正3)には龍水社が設立された。この協同組合は現在のJAの源流ともいえる画期的なものであった。戦後になって、全国的に製糸業が衰退する中でも下伊那の天龍社とと

▲製糸業の盛んな岡谷市街（大正時代）

▲上伊那響盟社製糸場（1942年）

180

もに発展を続け、長野県の地域経済の牽引役を果たしてきた。

　飯田・下伊那地方も国内有数の養蚕地帯となっていたが、飯田線の開通や戦時中の疎開工場により電気機械・精密機械・化学工業への転換が図られた。製造品出荷額は、上伊那地域が長野県全体の12.7％で松本、長野に続く出荷額となっており、飯田・下伊那地域では6.0％を占めている（2017年）。

　下伊那地方では、地場産業も盛んで、水引、半生菓子、凍（こお）り豆腐などは全国トップのシェアを誇っている。

5. 観光　観光にかかる期待

①諏訪湖周辺の観光

　諏訪の観光には、古くから諏訪人の心のよりどころになっている諏訪大社と、歴史ある温泉郷がある。諏訪大社には上社（かみしや）と下社（しもしや）があり、上社のある神宮寺付近では、中世から門前町や市場集落が開かれていた。

　上諏訪では、縄文時代の温泉施設が発掘されている。伝説では上諏訪や下諏訪の温泉は、諏訪明神などによってもたらされたとあり、諏訪大社と関係があるとされる。湖畔の湯治場として発展した上諏訪温泉や中山道・甲州街道分岐地の宿場町であった下諏訪温泉の付近には美術館や博物館があり、夏は諏訪湖で盛大な花火大会が行われ、多くの観光客を集めている。

　諏訪盆地周辺の高原は、季節を問わず、訪れる人を楽しませる絶好の観

▲諏訪大社上社本宮（諏訪市中洲）

▲霧ヶ峰とビーナスライン（諏訪市霧ヶ峰）

光スポットとなっている。かつて白樺湖や霧ヶ峰高原周辺は牛馬の刈敷を得る採草地として利用されていた。しかし第二次世界大戦後の飼料作物の栽培や化学肥料の普及で、採草地としての役割がなくなった。そこで高度経済成長期にこの地で観光開発が進められた。周遊観光道路であるビーナスラインが建設され、温水溜め池である白樺湖が観光に利用された。

　霧ヶ峰高原は夏季のニッコウキスゲなどの高山植物や見晴らしの良い火山地形などが楽しめ、冬にはスキーができる。また霧ヶ峰の八島ヶ原湿原は、1万年をかけて高層湿原の植物が泥炭化された湿原で、今でも800種もの植物が生育している。

②信州南部の観光

　阿智村は南信州でも最大の観光地である。昼神温泉は南信州最大の温泉地で、阿智村の観光客は135.4万人のうち44.5％の60.2万人が昼神温泉を訪れている（2018年）。昼神温泉は1973年（昭和48）に旧国鉄中津川線の工事中に発見されたもので、温泉が少ない下伊那地方で急速に発展した。源泉は4か所あり湯量も豊富で、ホテル・旅館が19軒、収容人員は2985人、宿泊者数は34.6万人となっている（2019年）。名古屋圏からの入り込み客が多く、中央自動車道の園原ICや飯田山本ICから約10分で到着するという利便性がある。阿智村第二の観光地が「園原の里」で古代、都と東国を結

▲昼神温泉（阿智村）

▲阿智村の星空

ぶ東山道の宿駅と関所が駒場にあったといわれている。

　そのためその関連施設である神坂峠（みさかとうげ）や神坂神社、ははき木などがある。その他、浪合地区にあるあららぎ高原は標高1200mの高原にあり、ゴルフ場やスキー場があるほか、コスモス・レンゲつつじの鑑賞ができ、おもに中京圏の別荘地にもなっている。近年は環境庁認定の「日本一の星空」で、2006年（平成18）「星が最も輝いて見える場所」の第1位に認定され、ナイトツアーなど年間イベントが行われている。過疎に悩む長野県の市町村において、阿智村のように観光に特化して活性化している事例は少ない。

6. 生活　急斜面で生活する人びと

①「日本のチロル」遠山郷の暮らし

　遠山郷は、下伊那の南アルプスから流れ出す遠山川の渓谷斜面にあり、家や畑は15°以上の急斜面にある。なかには30°以上の急斜面が耕地に利用され、しこくびえ(四石稗)やこんにゃく、茶、大小麦、そば、豆類などを栽培している。独特な農業と作物でも知られるが、なかでも二度芋（にどいも）は夏と秋の年2回収穫できる馬鈴薯（ばれいしょ）で、江戸中期に伝来したものが現在でも残っており、貴重な作物となっている。この二度芋は、えごまであえて観光客に出されている。このような急斜面の土壌は、比較的肥えていて、馬鈴薯の連作で起こる障害(忌地現象（いやち）)が発生しない利点がある。また急斜面のため土壌侵食が著しいので、礫（れき）が多い畑では下から上の方向へ土をかきあげる作業が必要である。

▲遠山郷下栗（飯田市上村下栗）

▲下栗の二度芋（飯田市上村下栗）

遠山郷や天龍村では温暖な気候を利用して、茶の栽培をしている。飯田市上村地区の下栗では標高1060mまで茶が栽培されており、ここが日本における茶栽培の高距限界になっている。遠山川のV字谷は川霧が発生し、高所ほど良質の茶（赤石銘茶）ができるので、静岡茶市場では地元の6倍の高価格で取引されている。

②風土に根ざした食文化

　長野県最南端の天龍村坂部地区は照葉樹林帯に属しており、茶、柚子、枇杷などが栽培されている。なかでも柚子は年間250kg収穫されている。ここでは柚子は、柚餅子という和菓子の製造に使われてきた。柚餅子とは11月に収穫された柚子の中身を取り、その果汁に味噌やくるみ、ごま、砂糖、小麦粉を混ぜて練ったものを蒸し上げ、さらにこれを2か月間寝かせて水分抜きしたものである。1970年（昭和45）に坂部の生活改善グループが天龍村柚餅子生産組合を設立し、工場を建設して本格的に生産を行い、販売している。県内だけでなく東京のデパートにも出荷している。この柚餅子は、坂部以外には泰阜村田本や飯田市南信濃和田でも生産されている。

　高森町市田の農家では秋になると軒先に柿簾が見られる。飯田・下伊那地方では江戸時代から立石柿と呼ばれる干し柿が生産され、江戸へ天竜川通船で運ばれた。現在ブランド化されている市田柿の特産地は高森町であるが、豊丘村、松川町、下條村、阿智村、飯田市三穂・山本・伊賀良地区でも干し柿が生産されている。柿の生長期、秋の収穫前や干し柿製造の時期には、天

▲柚餅子（天龍村坂部）

▲市田柿の簾（飯田市上郷）

184

竜川からの川霧が発生し、それにより高品位の干し柿が生産されている。江戸時代の特産地は、飯田市三穂地区であったが、現在では天竜川左岸の豊丘村が市田柿の最大の産地となっている。

7. その他　民俗芸能の宝庫

　伊那谷の中央構造線に沿ったV字谷は赤石構造谷と呼ばれ、独特な文化を育んでいる。なかでも大鹿村の大鹿歌舞伎や遠山郷の霜月祭がある。大鹿歌舞伎は200年以上前からの地芝居である農村歌舞伎を伝えている。年2回村内の2つの神社で開催され、そのうちの大碩神社の舞台は1889年（明治22）に再建された回り舞台となっている。長野県の無形民俗文化財に指定されており、大鹿歌舞伎にしかない演目もある。

　遠山郷（飯田市上村地区と南信濃地区）の9集落では、太陰暦の霜月11月（太陽暦の12月）に夜を徹して行われる霜月祭がある。これは湯立神楽であり、社殿に湯釜をつくり、湯立神事を行う古式の祭りである。その起源については厳しい山間地の生活や信仰心の厚さ、遠山氏の鎮魂の意味など諸説がある。

　飯田・下伊那地方にはその他、飯田市上郷町の黒田人形芝居、飯田市龍江の今田人形芝居、阿南町の早稲田人形芝居、同町の新野の雪祭りや盆踊り・和合の念仏踊り、天龍村坂部の冬祭り、阿智村清内路の手づくり花火などが行われており、この地方は民俗芸能の宝庫といわれている。

▲大鹿歌舞伎（大鹿村）

▲黒田人形芝居（飯田市上郷黒田）

■ コラム　待望の三遠南信自動車道 ■

　南アルプスの山々と伊那山地にはさまれた谷間が赤石構造谷である。ここには古代の東山道や江戸時代の伊那街道の脇道が通っていたが、いずれも険しい山道で、なかでも江戸時代の秋葉街道には小川路〈おがわじ〉峠や青崩峠〈とうげ あおくずれ〉などの難所があった。

　1982年（昭和57）に三遠南信トライアングル構想の中で、この難所を通り、飯田市の中央自動車道山本インターチェンジを起点に静岡県浜松市北区の新東名高速道路浜松いなさジャンクションに至る、総延長100kmの高規格幹線道路の建設が提唱された。それにより1992年（平成4）小川路峠の北に矢筈〈やはず〉トンネルが開通した。今まで飯田市内までの通勤・通学が不可能であった旧上村・旧南信濃村（ともに現飯田市）でも、通うことができるようになった。

　この道路への地元の期待は大きく、交通が不便な山間の集落では便利になることを期待している。

◀矢筈トンネルの西口
　（飯田市千代）

IV
日本の中の長野県

諏訪大社下社の御舟祭（諏訪市）

第1章 長野県の位置と市町村合併

◀本州の HESO（小川村）

1. 長野県の位置

①長野県は日本の中心か

　アメリカのランドマークナリー社が刊行した世界地図帳では、北緯36度線と東経138度線の交差する地点を、日本の地理的中心としている。この交点は、上伊那郡辰野町の大城山北側の山間部にあたり、そこから北西の場所には「日本中心の標」の碑が建てられている。

　上水内郡小川村では、標高差を無視した本州の平面図で均衡を保つ重心が同村法地にあるとして、2004年（平成16）から「本州のＨＥＳＯ（へそ）」を名乗っている。このほか南佐久郡南牧村では同村市場マレットゴルフ場にある公共測量の基準点となる原点を「日本のおへそ」と名づけている。また、上田市塩田の生島足島神社も「日本の中央」といわれている。

②長い国境・県境

　県歌「信濃の国」の最初に「十州に　境連なる国にして」とある。信濃国は、7世紀から北は越後、西は越中・飛騨・美濃、南は三河・遠江・駿河、東は上野・武蔵・甲斐の10か国と接していた。現在の行政区画では新潟県、富山県、岐阜県、愛知県、静岡県、山梨県、埼玉県、群馬県の8県に接していて、県境の長さは835kmにも達している。長野県は「海なし県」で、海がないのは全国で栃木、群馬、埼玉、山梨、岐阜、滋賀、奈良と8県のみである。

　信州は国境が分水嶺となっている場所が多く、飛騨山脈、赤石山脈、秩父山地、上信火山帯などの稜線が国境となっている。しかし、長野県に属していながら生活圏が長野県以外となっている地域もある。2005年(平成17)岐阜県中津川市に合併した旧木曽郡山口村をはじめ、信越国境の下水内郡栄村秋山郷、飯山市富倉、北安曇郡小谷村戸土、三河との国境にある下伊那郡根羽村、甲信国境の南佐久郡南牧村や諏訪郡富士見町の一部、上信国境の田口峠以南の佐久市臼田の馬坂などがそれにあたる。

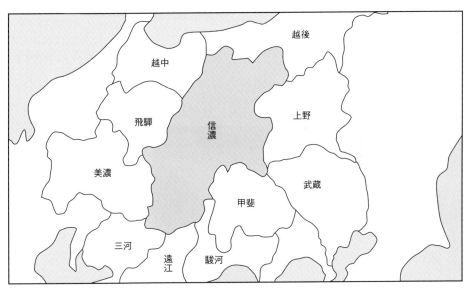

▲信濃国を取り巻く十州

2. 市町村合併の歩み

①明治の大合併

　1868年（明治1）信濃国幕府領・旗本領は、明治政府の府藩県三治制により伊那県（県庁は飯島町）となり、1870年に伊那県から中野県（県庁は中野市）を分離させた。翌年には中野県は長野県へと名称変更し、廃藩置県により松代県、須坂県、飯山県、岩村田県、小諸県、上田県などが長野県に合併され、伊那県には松本県、飯田県、高遠県、高島県、高山県（岐阜県）などが統合されて、筑摩県となった。

　1876年8月20日、筑摩県庁焼失を機に筑摩県は分割され、それぞれ岐阜県と長野県に合併され、筑摩県は消滅して、現在の長野県となった。

　1889年、市制町村制の施行にともなう「明治の大合併」が行われ、全国の自治体数は前年の7万1314から1万5859に激減した。長野県内の市町村数も891から391になった。これにより血縁・地縁の結びつきによる「自然村」から近代の地方自治を行う「行政村」が生まれた。

②昭和の大合併

　1946年（昭和21）、長野県には6市29町347村があった。それが1971年には17市37町70村となっている。これは1953年に施行された町村合併促進法による市町村合併によるもので、長野県では合併促進審議会を設置

◀昭和の大合併時の伊那市
　合併調印式（1954年）

し、町村合併を促進した。これが「昭和の大合併」である。しかし、大合併後の1956年、長野県の市町村数は北海道の234に次ぎ、全国2位の233で、なかでも村の数182は全国でもっとも多かった。このときに誕生した市には、須坂市・小諸市・伊那市・駒ヶ根市・中野市・大町市・飯山市がある。

　昭和の大合併は、南安曇郡のように計画どおりに合併したところもあるが、西筑摩郡のようにまったく合併できなかったり、下伊那郡のように合併が進まなかったりしたところもある。これには地理的条件や市町村の資産・経済条件なども影響している。

　村によっては合併の是非をめぐり二分して対立したところもある。1956年、松代町川西地区(現長野市)は松代町から分離して篠ノ井町(現長野市)に編入した。下水内郡太田村と岡山村は、飯山市と下高井郡市川村(現野沢温泉村)のどちらと合併するかで対立したが、結果的に飯山市に属した。また西筑摩郡神坂村議会は1957年岐阜県中津川市への合併を決議した。しかしこれに長野県議会が反対し、最後には内閣総理大臣裁定にまで発展した。その結果、1958年西筑摩郡神坂村のうち馬籠など3集落を除いた地区が、岐阜県中津川市に越県合併した。馬籠など3集落は山口村(現中津川市)に帰属した。

③平成の大合併

　平成の合併により、長野県では120市町村が2010年（平成22）の3月31日までに77に減少した。そのため長野県では市が17から19に、町が36から23に、村が67から35になった。

　2003年に県内最初に合併したのは千曲市で、更埴市と戸倉町、上山田町が合併した。この市名を決めるときには更科市という案があったが、住民投票で千曲市に決定した。東御市は、東部町と北御牧村が合併して2004年に誕生したが、これにより御牧という古代の官牧から名づけられた地名がなくなった。2005年、県下19番目の市となった安曇野市は南安曇郡の4町村と東筑摩郡の明科町が合併して誕生した。

飯綱町は牟礼村と三水村が合併したもので、両村とも飯縄山の山麓にある。筑北村は筑北4か村のうち麻績村が入らず、本城村、坂北村、坂井村が合併した。同じ東筑摩郡では明科町が安曇野市に加わり、朝日村、山形村、生坂村、麻績村は自立の道を選択した。

　地名の付け方で特色があったのは、東御市と佐久穂町、長和町である。東御市は東部町と北御牧村、佐久穂町は佐久町と八千穂村、長和町は長門町と和田村が合併し、両者の名を採った。

　合併が難航したところもある。当初、木曽郡は郡全体で合併しようとしたが、楢川村は塩尻市に、山口村は岐阜県の中津川市に越県合併し、木祖村、上松町、王滝村、大桑村、南木曽町は自立の道を選んだ。その結果、木曽福島町・日義村・開田村・三岳村が合併して木曽町が誕生した。

　松本市では、当初松本市と東筑摩郡四賀村との合併が決まり、その後に南安曇郡奈川村・安曇村・梓川村が合併して、県内最大の面積（919.35㎢）となった。さらに2010年に東筑摩郡波田町が松本市へ編入合併となった。

　長野市は、上水内郡豊野町・戸隠村・鬼無里村、更級郡大岡村と合併し、2010年には信州新町と中条村が編入合併した。人口は37万3971人（2020年4月1日）となり、県下最大の人口となっている。

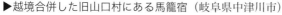

▲上田市の合併記念式典（上田市）

▶越境合併した旧山口村にある馬籠宿（岐阜県中津川市）

伊那市と飯田市は、市東部にある町村との合併が多い。高遠町・長谷村は伊那市に、上村・南信濃村は飯田市と合併した。阿智村は、2006年に浪合村、2009年に清内路村と合併している。この地域は西に伊那山地、東に県境となる南アルプスがある山間地帯で、地域にある地方中核都市との結びつきが強かった。

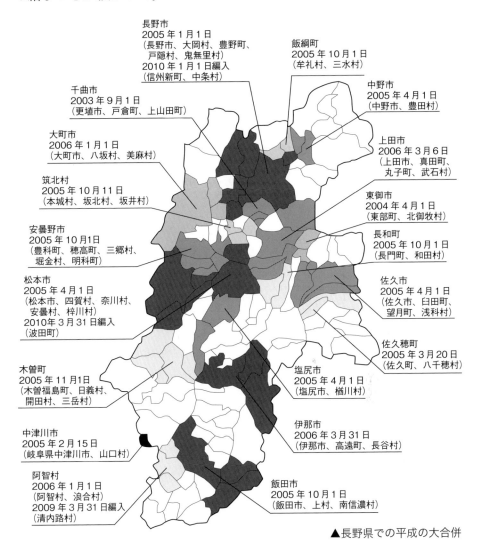

長野市
2005年1月1日
（長野市、大岡村、豊野町、
　戸隠村、鬼無里村）
2010年1月1日編入
（信州新町、中条村）

飯綱町
2005年10月1日
（牟礼村、三水村）

千曲市
2003年9月1日
（更埴市、戸倉町、上山田町）

中野市
2005年4月1日
（中野市、豊田村）

大町市
2006年1月1日
（大町市、八坂村、美麻村）

上田市
2006年3月6日
（上田市、真田町、
　丸子町、武石村）

筑北村
2005年10月11日
（本城村、坂北村、坂井村）

東御市
2004年4月1日
（東部町、北御牧村）

安曇野市
2005年10月1日
（豊科町、穂高町、三郷村、
　堀金村、明科町）

長和町
2005年10月1日
（長門町、和田村）

松本市
2005年4月1日
（松本市、四賀村、奈川村、
　安曇村、梓川村）
2010年3月31日編入
（波田町）

佐久市
2005年4月1日
（佐久市、臼田町、
　望月町、浅科村）

佐久穂町
2005年3月20日
（佐久町、八千穂村）

木曽町
2005年11月1日
（木曽福島町、日義村、
　開田村、三岳村）

塩尻市
2005年4月1日
（塩尻市、楢川村）

中津川市
2005年2月15日
（岐阜県中津川市、山口村）

伊那市
2006年3月31日
（伊那市、高遠町、長谷村）

阿智村
2006年1月1日
（阿智村、浪合村）
2009年3月31日編入
（清内路村）

飯田市
2005年10月1日
（飯田市、上村、南信濃村）

▲長野県での平成の大合併

▼長野県の人口推移（長野県統計書）

年次	長野県の人口（人）	1890 年を 100 とした指数
1890（明治 23）	1,000,414	100
1900（明治 33）	1,152,415	115
1910（明治 43）	1,308,852	131
1920（大正 9）	1,562,722	156
1925（大正 14）	1,629,217	163
1930（昭和 5）	1,717,118	172
1935（昭和 10）	1,714,000	171
1940（昭和 15）	1,710,729	171
1947（昭和 22）	2,060,010	206
1950（昭和 25）	2,060,831	206
1960（昭和 35）	1,981,506	198
1965（昭和 40）	1,958,007	196
1970（昭和 45）	1,956,917	196
1975（昭和 50）	2,017,564	202
1980（昭和 55）	2,083,934	208
1985（昭和 60）	2,136,927	214
1990（平成 2）	2,156,627	216
1995（平成 7）	2,193,984	219
2000（平成 12）	2,215,168	222
2005（平成 17）	2,196,114	220
2010（平成 22）	2,152,449	215
2019（平成 31）	2,052,033	205

※1890 〜 1910 年の人口は戸籍人口に基づく現住人口、1920 年（大正9）以降は国勢調査の常住人口数

1. 人口の変化

　長野県の人口は、1890年（明治23）から1930年（昭和5）までの40年間に約71万人が増加し、大正末期から昭和初期にかけて年1％の割合で増えている。これは明治初期から昭和初期まで続いた養蚕と製糸業（蚕糸業）の発展によるものである。特に大正期から昭和初年にかけてまでの蚕糸業の最盛期には、年間約2万人が増加している。しかし、1930年代に始まった昭和恐慌もあって、その後一時的に人口は減少している。

　第二次世界大戦が始まった1939年から1945年の終戦までは、わずかであるが人口が減少している。これは男性が戦地に赴いたためである。戦中・戦後は疎開者や海外からの引揚者^{ひきあげしゃ}や、ベビーブームなどにより人口が急増した。

　長野県の人口は1958年には200万人を下回り、1960年に198万1506人、1965年には195万8007人と減少し、1966年に195万2075人で戦後最低となった。これは1960年代の日本経済の高度成長により、農山村から大都市圏へ青少年の人口流出が起きたからである。これにより、長野県でも人口減少となった。その後、人口の自然増加と転入が転出より多くなる社会増加により、1969年から人口は増加した。2017年（平成29）の人口動態を見ると、転入人口の16.6％は東京都からで、神奈川、埼玉などの関東地方からが50％を超えている。近年では国外との転入出が増えているのが特徴である。

2. かたよった人口分布

　長野県における人口は、比較的平らな長野・松本・諏訪・伊那・上田・佐久などの盆地に集中している。これに対して北アルプス・南アルプス・中央アルプスや筑摩山地、八ヶ岳山麓、妙高火山群地域などの山間地帯では居住人口が少ない。

1㎢の人口を表す人口密度では、長野県は157人／㎢で47都道府県中38位となっており、全国平均の342.0人／㎢に比べて極めて低い。これは長野県の面積が広いためであるが、長野県は山間地帯が多いため盆地内に人口が集中して、平坦な盆地での人口密度は高くなっている。

2015年（平成27）の国勢調査によると長野市の常住人口は37.8万人で、DID（4000人／㎢以上の人口が集中する地区）人口は25.6万人で人口の67.7%が人口集中地区に住んでいる。また松本市の常住人口は24.3万人で、そのうちDID人口は14.6万人で人口の63%にあたり、長野市と近い値となっている。人口が集中するDID人口10万人以上の中都市は、長野市と松本市のみで、これは信州には小都市が多く、山脈・山地、河川、峠などで区切られた小盆地が点在しているためである。

3. 急激な高齢化

2015年（平成27）の都道府県別平均寿命調査で、長野県は女性が1位、男性は2位となった。長野県の女性の平均寿命87.67歳（全国平均87.0歳）、男性の平均寿命は81.75歳（全国平均80.77歳）で、全国トップクラスの長寿県である。この長寿の理由としては、食生活の改善や予防医学の充実、高い高齢者の就業率などが考えられている。

長野県の年齢別人口構成を見ると、1965年（昭和40）から2018年（平成30）までの間で、年少人口（0〜14歳）の割合は約12%も減少している。生産年齢人口（15〜64歳）も約11%減少しているが、老年人口（65歳以上）は約14%も増加している。

全国の老年人口割合は2017年27.7%で、秋田、高知、島根、山口、徳島が高く、長野県の31.1%は全国15位となっている。しかし、長野県の老年人口割合は1965年（昭和40）の8.1%から2018年の31.1%まで毎年増加をしており、高い増加率となっている。

地域的にみると長野県で老年人口割合の高いのは、天龍村63.5%、根

羽村53.9％、栄村52.3％と過疎地域で高齢者が多くなっている。逆に低いのは南箕輪村23.5％、松本市27.9％、御代田町28.3％で人口増加地区である（2019年）。

　2017年における長野県の自然増加率（出生率から死亡率を引いた）は、出生率（人口1000人あたりにおける出生数）7.1‰（パーミル）、死亡率12.5‰となっており、2.5‰の減少率となっている。全国平均は－3.2‰で、なかでも自然増

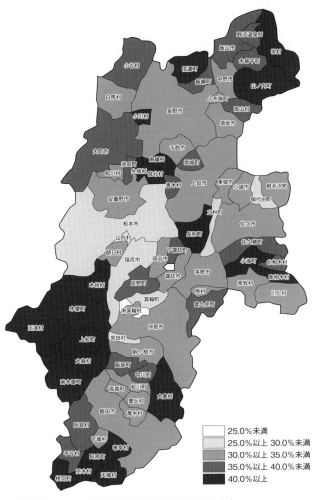

	25.0％未満
	25.0％以上 30.0％未満
	30.0％以上 35.0％未満
	35.0％以上 40.0％未満
	40.0％以上

▲長野県における市町村別高齢化率（2019年）

加率の減少が著しいのは、秋田県（－10.1‰）、高知県・青森県（－7.5‰）で、いずれも３大都市圏から離れた地域である。

　長野県の社会増加率（移入人口率から移出人口率を引いた）は－0.7‰（2017年）で、増加率は全国平均の1.2‰よりもやや低い（23位）。社会増加率の高い都道府県は東京都（7.7‰）、埼玉県（4.3‰）と経済が発展している地域で、低いのは長崎県（－4.5‰）、青森県（－4.3‰）、秋田県（－4.1‰）と

なっている。

4. 深刻な過疎問題

　1960年代経済の高度成長により、大都市に人口が集中したため、農山村では急速に人口が減少した。この結果、人口減少地区では教育、医療などの社会生活に支障をきたし、加えて大事な働き手を失ったため地域産業の衰退を招くこととなり、人口の減少に拍車がかかった。こうした地域の人口が減ることを「過疎」といい、全国各地で深刻な問題となっている。

　現在、全国の過疎市町村または過疎のある市町村の数は、1718市町村の約45％にあたる817市町村（2017年4月1日）となっており、その人口は約1088万人で全国の人口の8.6％となっている。長野県では、こうした傾向がいっそう顕著となっており、長野県内全77市町村のうち約48％にあたる37市町村が過疎市町村または過疎のある市町村となっている（2017年）。

　2017年（平成29）長野県内の過疎地域の人口は全県人口の約8％、面積は48.8％である。特に過疎化が進んでいるのは、上・下伊那地方、木曽地方、佐久

▼長野県の過疎地域市町村一覧（2017年4月1日現在）

北信	長野市	旧大岡村、旧信州新町、旧中条村、旧戸隠村、旧鬼無里村の区域
	飯山市	
	上水内郡	小川村、信濃町
	下水内郡	栄村
	下高井郡	野沢温泉村、木島平村、山ノ内町
東信	佐久市	旧望月町の区域
	南佐久郡	小海町、南相木村、北相木村
	小県郡	長和町
中信	松本市	旧四賀村、旧奈川村、旧安曇村の区域
	大町市	旧八坂村、旧美麻村の区域
	塩尻市	旧楢川村の区域
	東筑摩郡	麻績村、生坂村、筑北村
	北安曇郡	小谷村
	木曽郡	上松町、南木曽町、木祖村、王滝村、大桑村、木曽町
南信	飯田市	旧上村、旧南信濃村の区域
	伊那市	旧高遠町、旧長谷村の区域
	上伊那郡	中川村
	下伊那郡	阿南町、阿智村のうち旧清内路村・旧浪合村の区域、平谷村、根羽村、売木村、天龍村、泰阜村、大鹿村

※過疎地域自立促進特別措置法に指定される地区
※総務省自治行政局過疎対策室資料

地方、筑摩山地などの中山間地帯と信越国境の深雪地帯である。地形的に隔絶された農山村が多く、経済的には第一次産業が主体の地域である。この第一次産業の衰退が若青年層、新卒者を離村させる要因となった。さらにこれらの地域では高齢化、児童・生徒の減少により学校教育の維持が困難になっている。このような過疎化に対して、国や県では補助金により住宅や道路などのインフラの整備を行っているが、過疎化に歯止めがかからず、一家で移転する挙家離村や集落の再編成が進んでいる。

■ コラム　限界集落 ■

　限界集落とは、大野晃（旭川大学教授・元長野大学教授）により1991年（平成3）に提唱された概念で、「過疎」という言葉で言い表せない深刻な状態で集落人口の50%以上が65歳以上の高齢者になり、共同体としての機能が衰え、社会生活が困難になった集落のことを指している。

　山間地などの地理的要因に加え、高齢化の進行でこの限界集落は全国で急速に増えている。このような集落では、集落の自治、道路管理、冠婚葬祭などに支障をきたすようになり、やがて集落が消滅する「消滅集落」になるとされている。

　この限界集落は、今後も増加していくことが予想されており、行政区の再編など、限界集落となるのを防ぐための対策が急務となっている。

◀山あいの集落

第3章 交通・通信

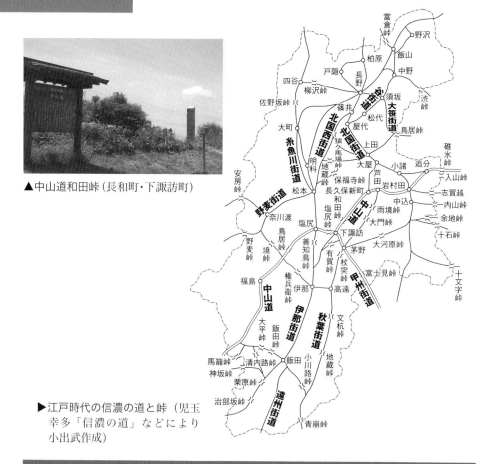

▲中山道和田峠（長和町・下諏訪町）

▶江戸時代の信濃の道と峠（児玉
幸多「信濃の道」などにより
小出武作成）

1. 東日本文化と西日本文化の接点

　長野県のおもな交通路として、古代は東山道、江戸時代は中山道や北国
街道があった。東山道は7世紀大和朝廷が統一国家を維持するために全
国に建設した7つの官道（現在の国道にあたる）の1つで、都と東国さら
に陸奥とを結ぶもっとも重要な官道であった。当初東山道は神坂峠（阿智

200

村）から信濃国に入り、飯田―高遠―杖突峠―白樺湖―雨境峠―碓日坂（現入山峠）のルートがあった。のちに伊那―松本（覚志）―錦織―保福寺峠―上田―碓日坂のルートに変更された。錦織の駅から東山道の支道が分かれて北上し、犀川を渡り、多古駅・沼辺駅を通り、越後国の五智駅で北陸道と合流していた。

▲甲州街道に沿った国道20号の終点（塩尻市高出）

　江戸時代、信濃には五街道のうち中山道と甲州街道が開設されていた。中山道は、東海道とともに江戸と京都を結ぶもっとも重要な街道で、江戸から京都まで69の宿場町があった。そのうち信濃国には26宿があり、江戸から京都まで全22日間の行程のうち7日間が信濃路の旅であった。宿場町には大名や武士たちが宿泊する本陣・脇本陣が置かれた。奈良井宿（塩尻市）・妻籠宿（南木曽町）には江戸時代の景観がよく残されている。

　この中山道と北陸道を結んでいたのは、北国街道であった。北国街道は、信濃追分宿（軽井沢町）で中山道から分かれ、小諸宿―上田宿―屋代宿―善光寺町、もしくは松代町―牟礼宿―野尻宿―越後国関川―高田―直江津（今町）の行程であった。北国街道は江戸と信越、北陸を結ぶ重要な街道であった。佐渡の金も北国街道を通って江戸へ運搬されていた。加賀藩など日本海側の諸藩や北海道松前藩の諸大名の参勤交代にも利用されていた。また越後から米や塩、海産物などが信濃や関東に運ばれた道でもあった。

　江戸時代の陸上交通では、馬の背に荷物を積んで宿場ごとに人馬を交替して運送する伝馬制や宿場ごとに馬を変えない伊那地方の農民によって行われた中馬交通があった。また野麦街道・千国街道など「牛道」といわれる険しい山道では駄牛交通が営まれていた。

　明治時代に入り、信越本線・中央本線などの東京と信州を結ぶ鉄道が開

設された。こうした鉄道交通とともに交通が発達し、馬車が通行できる道路が整備された。長野県では1882年(明治15)から95年にかけて「七道開鑿事業」という7つの国道改修事業が行われ、三大幹線として18号、19号、20号が開通した。1998年(平成10)の長野冬季オリンピック開催直

▼長野県のおもな国道一覧

国道	区間	総距離(km)
18号	群馬県高崎市−長野市−新潟県上越市	193.9
19号	愛知県名古屋市−松本市−長野市	258.9
20号	東京都中央区−諏訪市−塩尻市	225.0
117号	長野市−飯山市−新潟県小千谷市	119.6
141号	山梨県韮崎市−佐久市−上田市	104.9
142号	軽井沢町−佐久市−下諏訪町	77.3
143号	松本市−上田市	51.0
144号	群馬県吾妻郡長野原町−上田市	45.3
147号	大町市−安曇野市−松本市	34.6
148号	大町市−新潟県糸魚川市	70.9
151号	飯田市−愛知県豊橋市	137.4
152号	上田市−茅野市−静岡県浜松市東区	248.4
153号	名古屋市東区−茅野市−塩尻市	202.5
158号	福井市−岐阜県高山市−松本市	250.1
254号	東京都文京区−上田市−松本市	223.6
403号	新潟県新潟市−長野市−松本市	352.8
406号	大町市−須坂市−群馬県高崎市	192.5

前には長野新幹線(現北陸新幹線)や上信越自動車道が開通している。

2. 塩の道、油街道、鰤街道

　信州の街道には、通称として塩の道・油街道・鰤街道・鯖街道などの名がついたものがあった。

① 塩の道

　長野県には塩尻という地名が3か所ある。塩尻市は、信濃の塩の移入先である北塩(新潟県直江津・糸魚川)と南塩(静岡県岩淵、愛知県豊橋・岡崎・名古屋)の移入路の接点である。この塩の移入路として糸魚川と松本を結ぶ千国街道がある。糸魚川〜大町間は険しい山道を通るため牛が使われていた。近世の松本は塩の大集散地で、かつて本町には塩を扱う店が10戸もあった。1545年(天文14)1月11日に上杉謙信が敵方であった武田信玄に塩を送ったのは、信玄の支配下にあった松本の民衆が駿河国(静岡県)の今川義元が塩の供給を断ったため、苦しんでいたからである。こうして塩が越後から送られたことを記念して塩市が開かれた。いつしか「飴市」となり、現

▲塩の道千国街道（小谷村）　▲油峠と呼ばれた鳥居峠（上田市真田）　▲伊那と木曽を結ぶ権兵衛峠（南箕輪村・塩尻市楢川）

在でも小正月に開かれている。

　上田市塩尻は、直江津からの北塩と江戸からの南塩の移入路の接点であった。栄村塩尻集落は、直江津からの塩の移入路と新潟港からの塩の移入路の接点で、いずれの場所も塩と深い結びつきがある。

②油街道

　大笹街道は、北国街道の脇街道として、1650年(慶安3)に認可された。上州(群馬県)を経て江戸に至る近道として利用され、北国街道の福島宿(須坂市)を起点として、上信国境の鳥居峠を越えて、上野国吾妻郡大笹宿に達していた。ここから大戸宿を通り、榛名山の西麓を迂回して中山道の高崎に至る。高崎の次の宿場が倉賀野で、この倉賀野には烏川の河岸があり、烏川と利根川・江戸川を結ぶ通船があった。ここに江戸中期以降、綿花と菜種の特産地になっていた北信の千曲川流域で生産された大量の菜種油が運ばれたので大笹街道は「油街道」、また上信国境の鳥居峠は「油峠」とも呼ばれた。須坂では綿布と菜種油が取引され、なかでも須坂の田中本家は菜種油、綿布、たばこなど扱う豪商であった。

③鰤街道

　中南信における歳取りの魚は、ブリである。江戸時代、信州へ運ばれたブリは富山湾で獲れた越中鰤であるが、まず高山(岐阜県)に運ばれ、そこで飛騨鰤と名を変えて信州に運び込まれた。この飛騨鰤は、松本には高山から野麦街道を使って運ばれたため野麦街道は鰤街道と呼ばれていた。木曽へは境峠、伊那谷には権兵衛峠を越えて運ばれていた。

3. 長野県の高速道路

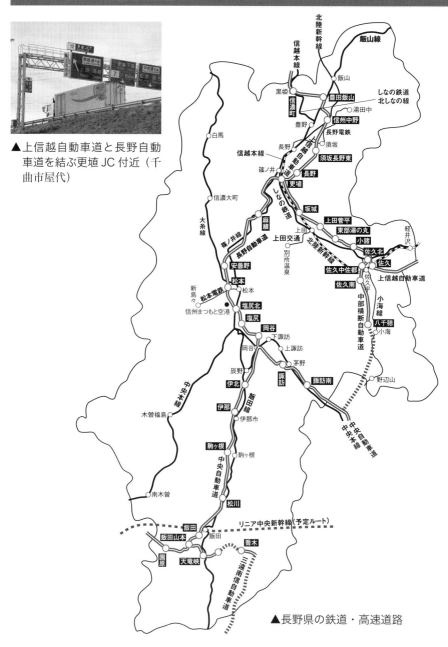

▲上信越自動車道と長野自動
　車道を結ぶ更埴 JC 付近（千
　曲市屋代）

▲長野県の鉄道・高速道路

204

長野県に最初に高速道路が開通したのは、1975年（昭和50）で、中津川
―駒ヶ根間の中央自動車道であった。1982年には中央自動車道西宮線が
全線開通し、名古屋から伊那盆地―諏訪盆地を経由して東京まで結ばれた。
それまで伊那市～名古屋間に5時間かかっていたのが2時間に、伊那市～
東京間の8時間は3時間に短縮された。これにより中央本線からはずされ
た伊那地方では高速道路が通過することで、新しい交通時代を迎えた。
　1993年（平成5）に上信越自動車道の群馬県藤岡ICと佐久ICが新設され
て、佐久地方に初めて高速道路が開通した。1997年には信州中野ICと新
潟県の中郷ICが結ばれた。1999年には中郷ICと上越JCTが結ばれて全線
が開通し、北陸自動車道とも結ばれている。上信越自動車道と中央自動車
道の間は長野自動車道で結ばれ、1993年に岡谷JCTと更埴JCT間が通行
できるようになった。長野自動車道は諏訪地方と中信、北信を結び、観光
や物流にも大きな影響を与えている。現在は佐久地方と静岡県を結ぶ中部
横断自動車道、飯田市と浜松市を結ぶ三遠南信自動車道などの建設が進め
られている。

4. 鉄道交通は近代の幕開け

　高崎駅（群馬県）から長野県の東北信地方を通り、新潟県の上越・中越・
下越まで至る信越本線は、1888年（明治21）直江津駅―軽井沢駅間が開通
した。これは全国でも早く、同年には東海道本線の新橋―国府津間が開通
していただけであった。東海道本線は、東京と京都を結ぶ鉄道として建設
されたが、東海道本線では敵国の艦船からの砲撃に弱いということで中山
道鉄道が敷設されることになった。その資材運搬用として直江津鉄道（の
ちの信越本線）が建設された。1904年には直江津―新潟間が開通し、関東
や信州と北陸を結ぶ本州を横断する幹線としての役割を果たした。
　1997年（平成9）、長野冬季オリンピックを契機に、長野新幹線（現北陸
新幹線）が整備された。この長野新幹線の開通により、信越本線は軽井沢駅

▲ JR 長野駅の北陸新幹線（長野市南長野）　　▲中央本線の JR 塩尻駅（塩尻市大門）

から篠ノ井駅までは第三セクター「しなの鉄道」となり、軽井沢—横川間は
廃線となった。新幹線のルートは、旧信越本線とほぼ一致しているが新幹
線は軽井沢－上田間では小諸を通らずに、佐久平駅を通過している点が異
なる。2015年に長野—金沢間が開業した。さらに品川—大阪間を約1時間
で結ぶリニア中央新幹線が建設されていて、長野県では南アルプスを通り、
飯田市を経由することが決定している。

　中央本線は、東京と名古屋を結ぶ鉄道で、塩尻駅を境にして中央東線と
中央西線とに分けられる。中央本線は1896年に国鉄として着工されたが、
日露戦争で一時工事が中断した。そのため、片倉兼太郎などの製糸家が建
設費の一部を寄付して、1911年に全通した。中央本線は、塩嶺トンネル
開通までは岡谷駅から辰野駅を経由して塩尻駅に至るという変則的なもの
であった。これは中央本線をめぐる伊那と木曽の誘致合戦の結果、伊那谷
は誘致に失敗したものの、伊那谷の一部の辰野駅を経由するように働きか
けた成果で、この辰野経由のルート変更に尽力した当時の鉄道局長で帝国
議会衆議院議員の伊藤大八の名から「大八廻り」と呼ばれている。

　このように伊那では中央本線の木曽谷通過が決定し、政府は辰野—飯田
間の支線敷設も断念した。そこで飯田町（現飯田市）の豪商伊原五郎兵衛を
中心に伊那電車鉄道株式会社が創設された。1908年に辰野—伊那間が着工
され、翌1909年辰野—伊那松島間に県内初の電車が登場した。1922年（大
正11）には飯田まで開通し、1936年（昭和11）に三河川合—天竜峡を走る三

信鉄道が開通して、辰野―豊橋（愛知県）間が全通した。1943年伊那電鉄・三信鉄道・鳳来寺鉄道の路線は、国鉄飯田線になった。

　塩尻・松本と篠ノ井を結ぶ篠ノ井線は、1902年に全通した。これにより北国西街道の物資の集散地であった稲荷山（千曲市）の役割が衰退した。江戸時代に稲荷山宿は北国西街道と千曲川の通船で発展したが、篠ノ井線の開通で打撃を受けた。

　鉄道の開通は、それまでの駄馬交通や河川交通を衰えさせたが、諏訪地方をはじめとする製糸業を発展させた。信越本線や中央本線により埼玉県・群馬県の繭が移入され、諏訪地方で生産された生糸が出荷された。さらに篠ノ井線により製糸工場の燃料に用いられる筑北地方の亜炭などが鉄道輸送された。

5. 長野県の空港

　長野県の空の玄関口として、1965年（昭和40）7月に松本空港は供用開始された。翌年から観光臨時便が大阪―松本間に就航し、その後通年運航する定期便となった。またジェット化に対応するため、滑走路拡張工事が1992年（平成4）から行われ、1994年に完成した。これにより大阪、福岡及び札幌便が就航するようになった。さらに1995年に広島便（1998年廃止）、1996年に仙台便（1997年廃止）、関西国際空港便（1998年廃止）、1998年に松山便

(2001年廃止)、高松便（1999年廃止）と空港のジェット化により路線は広がったものの、利用客数は、1996年度の約26万人をピークに年々減少した。

　2004年には「信州まつもと空港」の愛称の使用を開始した。JAL（日本航空）の撤退で2010年からはFDA（フジドリームエアラインズ）の福岡便と札幌便

▲信州まつもと空港（松本市空港東）

が運航を開始し、その後神戸便が追加された。

第4章 環境・都市問題

◀御神渡りの見られない厳冬期の諏訪湖（諏訪市中洲）

1. 地球温暖化と長野県

　長野県も近年は暖冬傾向にあり、2006年（平成18）から2007年にかけては記録的な暖冬であった。気象庁は2007年2月、「世界の平均気温が1月としては統計を始めた1891年（明治24）以降最高を記録した」と発表した。前年2006年12月も同様に過去最高を更新していた。日本も平年値（1971－2000年の平均）を1.44℃上回り、1898年以降4番目にあたる暖かい正月であった。東京では同冬の2か月間、降雪も冬日もゼロであった。

　長野県下では、長野が1月の平均気温1.1℃（平年比1.8℃高）、諏訪－0.1℃（同1.4℃高）など明治中期の観測以来十指に入る暖かさであり、また、寒いはずの軽井沢でも、真冬日はたった1日しか記録していない。雪のない飯山では名物の雪祭り会場に雪がなく、御神渡りやワカサギ釣りで知られる諏訪湖は小波が立つ「明けの海」であった。ちなみに2009年も暖冬で、長野の1月平均気温は0.9℃だった。

　冬が暖かかった原因について、気象庁は①地球温暖化、②日本の冬に影響する極渦（低気圧）が強く、このため寒気が高緯度に蓄積されて南下しな

い、③エルニーニョ現象が進んでいると分析した。極渦とは、北半球高緯度に存在する寒冷型低気圧で、高層天気図に現れるが、これが強いとき、日本は暖冬になりやすい。また、エルニーニョは「神の子」を意味するスペイン語で、毎年クリスマスのころ、南米ペルー沖の赤道あたりの海水温度が上昇する現象を指し、このときは異常気象になるという。反対に、そのあたりの海水温度が低温になるときは、ラニーニャ現象という。

　長野県には観光、スポーツ、ビジネスなどで県外や国外の人びとが四季を問わず訪れているが、冬季に限れば雪と温泉を目指してくる人が多い。長野県は国内でも屈指の冬の観光地なのである。それだけに、私たち信州人は、常に地球温暖化をはじめとする自然環境の変化には最大限の関心を払いたいものである。

2. 環境問題

①長野県の公害の原点

　須坂市と小布施町との境となっている松川の河床礫（かしようれき）には、赤茶けた石が多い。また河川には魚類が棲んでいない。それは平均pH4.6という強酸性のためで、成分には硫化鉄（りゆうかてつ）が含まれている。松川の上流にはかつて、小串（おぐし）・横手（よこて）・万座（まんざ）などの硫黄（いおう）鉱山があり、須坂の米子川（下流は百々川（どど））の上流には米子鉱山があった。いずれも硫黄などを産出し、小串鉱山は日本

▲米子鉱山精錬所跡と米子の滝（須坂市米子）

▲赤茶色の松川と雁田山（左が小布施町、右が須坂市）

3位の硫黄鉱山として、最盛期には人口2000人にのぼる鉱山町を形成し、小学校や診療所までもあった。産出された硫黄はマッチや火薬用、タイヤなどのゴムの固形化材として使われていた。鉱山では採掘と精錬が行われ、その鉱滓(鉱石のかす)が雨や雪とともに地中にしみ込み、河川に流入した。そのため百々川や松川の扇状地を流れる用水は、強酸性の鉱毒水で、農業生産力は低かった。また延徳田圃のような千曲川氾濫原まで松川の鉱毒水を灌漑に用いて、第二次世界大戦後まで飲用水にも利用されていた。

1965年(昭和40)に米子鉱山、1971年に小串鉱山が、石油精製の過程で得られる回収硫黄が安く出回るようになったため閉山した。長野県は1980年から公害防止対策を始め、覆土緑化工事や土砂を堰き止める扞止堤工事を行っている。また牧草を播いたり、ヤナギの木を植えたりしている。しかし、鉱毒水の流出は止まることがなく、松川・百々川の鉱害は続いている。

②荒廃する里山

1955年(昭和30)の長野県では、全世帯数の半数以上を農家が占め、暖房や炊事に囲炉裏やかまどを用いていた。また農家の1/3以上で牛馬を飼育しており、農地の耕起や代かき、運搬、厩肥づくりに用いていた。そのため、集落周辺には、秣のための採草地(野草地)や薪炭林(二次林)からなる里山が広がっていた。しかし、1960年前後を境とした燃料革命の進展によって、里山の資源に依存した農業や暮らしのあり方が大きく変化し、里山は利用されることが少なくなった。その結果、野草地や薪炭林では森林化が進み、里山の明るい環境に適応してきた生き物の生活の場が失われた。

「長野県版レッドリスト」(2014・2015年)には、秋の七草の1つであるキキョウや畦畔などの草地に咲くオキナグサ、草地に生息するオオルリシジミ、明るい林床に生息するギフチョウなど、かつての里山で身近に見られた生き物が絶滅のおそれのある種として掲載されている。この県版

レッドリストに掲載された植物とチョウ類の絶滅危険性の中で、もっとも多く指摘された要因は「自然遷移・管理停止」で、それぞれ29％（植物）と52％（チョウ類）を占めていた。この課題に対して、県では2003年（平成15）に「希少野生動植物保護条例」を制定した。これにより、里山に生育する絶滅危惧種、たとえば木曽町開田高原のチャマダラセセリなどの保護回復事業を通して、地域住民や保全団体などによる火入れ、草刈りによる草地の維持、森林整備などの活動を支援している。また環境教育やエコツーリズムなどによる住民主体の地域づくりの中で、自然資源を活用しつつ生育環境を保全する方策が検討されている。

▲県版レッドリストで準絶滅危惧種に指定されたキキョウ。長野県では広く盆花として利用されていた

　里山への人の関わりの低下は、近年カモシカ、ニホンジカ、イノシシ、ツキノワグマ、ニホンザルなどの野生鳥獣の分布拡大と増加を引き起こし、これらによる農林業被害が深刻な問題となっている。2007年度のこれら5種による農業被害額は6億6000万円、林業被害額は7億4000万円に達した。このような状況の中、県では2000年以降この5種について「特定鳥獣保護管理計画」を策定し、個体数の管理を行っている。

③湖沼の富栄養化

　近年、長野県の湖沼や河川の富栄養化が問題となっている。富栄養化とは湖沼やダム湖など水が停滞するところで、家庭の雑廃水や農地からの農薬・化学肥料により窒素や燐分が増加して、これによりアオコなどの植物プランクトンが異常発生し、魚類など水中生物が死滅することである。長野県の湖沼で窒素や燐分の濃度が高いのは諏訪湖である。みどり湖や美鈴

湖では窒素、蓼科湖・丸池・琵琶池は燐分の濃度が高くなっている。2000年（平成12）の信州の河川や湖沼の汚染原因は、一般家庭からの排水が38%、農業とその他が30%、工場が32%だった。

諏訪湖は、県内最大面積の湖沼で、諏訪地方の多くの河川が

▲諏訪湖の浄化のためのアシ（諏訪市湖岸通り）

流入している。明治初期からの製糸工場、大正末期の味噌工場などからの排水のため汚染が進んだ。さらに湖周辺の人口増加にもとづく生活用水によって汚染された。1971年度（昭和46）から「湖沼水質保全特別措置法」により浄化対策が始まった。諏訪湖流域下水道事業では、2017年度末までに処理区域内の98.9%に下水道が普及した。1969年から浚渫事業を実施して、湖底から栄養塩類の除去を行っている。また市街地や農地からの農薬や肥料分の流入に対して、休耕田を利用して農業排水浄化などを進めている。さらに地域住民側でも市民が公共の場を愛情と責任をもって美化するアダプト・プログラムなどにより、湖畔や流入河川・側溝の清掃、水生植物による河川水質の浄化などを実施している。

④外来種の移入

長野県の河川・湖沼には、外来魚、つまり外国から来た魚としてサケ科のニジマス・ブラウントラウト・カワマス、コイ科ではハクレン・コクレン、バス科のオオクチバス・コクチバス・ブルーギルなどが移入されて大きな問題となっている。それはこれらの外来魚がその繁殖力のため、在来魚を駆逐しているからである。なかでも上高地の梓川やその支流では、ほとんどがブラウントラウトとなっており、在来魚のイワナはほとんどいなくなってしまった。さらにカワマスも上高地で増殖した。またオオクチバ

スやコクチバスは総称してブラックバスと呼ばれ、長野県の河川の多くで生息している。これは釣り好きが放流したものである。大町市の木崎湖で釣れる魚の多くはブラックバスで在来魚のフナやウグイなどはほとんどいなくなった。

　植物ではウリ科のアレチウリが問題になっている。おもに千曲川や犀川の水辺で繁殖している。アレチウリは1年草であるが、ほかの植物の上部をツルで覆（おお）うため、覆われた植物は光が下部まで届かなくなり枯れてしまう。また繁殖力が強く、ほかの植物を駆逐している。長野県内では、行政機関や民間団体により定期的にアレチウリの駆除を行っているが、根絶するに至っていない。

▲奈良井川のアレチウリ（松本市両島）

3. 都市問題

①広がるマンション建設

　長野県の2017年度（平成29）のマンション建設着工戸数は、長野市が396戸で県全体の4割以上を占め、松本市（248戸）、軽井沢町（154戸）などが次いでいる。長野県では、長野冬季オリンピックが開催された1998年以降、公共事業が減ったが逆にマンションやアパート、一般住宅などの建設は盛んになった。

　年次別に見ると軽井沢町では、1998年からマンションが急速に増加し、2003年までマンション建設ブームが続いた。長野新幹線の開通で東京都市圏の通勤圏となったこと、軽井沢のマンション価格が首都圏と比較して

安かったことが、マンション需要を増加させた。

　長野県のマンションの建設は、地方中核都市である長野市と松本市に集中している。長野市のマンション着工戸数は、年々増加している。長野市のマンション建設ブームは、1997年前後から始まった。長野冬季

▲長野市街地のマンション（長野市中央通り）

オリンピックが契機となり、長野新幹線、高速道路、幹線道路や支線道路などの交通網が整備された。さらに病院や教育機関、スーパーマーケットなどの大型店舗、専門小売店、飲食店などが充実し、生涯学習施設などのインフラが整っていることなどによる。なかでも長野市の旧市街地を中心とする地区では、大型マンションの建設が促進された。その多くは①JR長野駅・北長野駅や長野電鉄の権堂駅・善光寺下駅・本郷駅・信濃吉田駅など鉄道の駅周辺、②国道18号・19号など主要道路沿線、③長野駅と善光寺に至る善光寺表参道沿いにある。また長野駅前では、地価が1992年の1㎡337万円から2019年には1㎡35.9万円と88.4％下落している。これも長野駅周辺でマンション建設を促したひとつの要因になっている。

②長野市の空洞化現象

　2019年（令和1）の長野県常住人口うち、長野市に18.4％にあたる37万6744人が居住している。また長野市の人口は、1960年（昭和35）の人口16万522人と比較すると約60年間に25.7％も増加している。その内訳を見ると1960年と70年の10年間で6.4％、1970年と80年の10年間は10.9％、1980年と90年の10年間は5.3％と急増したが、1990年（平成2）と2010年の増加率は1.1％で急減している。

　ところが、同じ市内でも著しい減少地域と増加している地域が見られる。

▲大型店が建ち並ぶ長野南バイパス（長野市稲里町）

▶市街地人口の減少で廃校となった後町小学校（長野市南長野）

増加地域は長野市南部の川中島、更北、篠ノ井などの地区である。これらの地域では1998年の長野冬季オリンピックに際して、市街化調整区からはずされたので、住宅の建設が容易になった。特に川中島駅周辺や今井地区における人口増加が著しい。その理由として、1997年の国道18号長野南バイパスの開通と、川中島町若葉町・今里、三本柳などで住宅団地が形成されたことによる。さらに更北の稲里地区では約60haの稲里中央区画事業が完成した。そのため大型商業施設ができ、周辺には個人住宅とアパートが新設されて、人口増加をもたらした。1975年稲里地区の人口は5593人であったが、2015年には1万2360人となっている（長野市統計書）。

　長野市北部でも若槻地区のように人口増加地区が見られる。1964年の若槻団地は長野県企業局の開発で、31万㎡という長野県下最大の住宅団地となった。また1970年には稲田・徳間の区画整理事業により団地が造成され、若槻大通り・稲田大通りが新設され、さらに住宅地は拡大した。この結果、人口は1965年6725人、75年1万3135人、95年1万8735人、2015年2万194人と急激に増加している（長野市統計書）。

　一方、長野旧市街地では人口の減少が著しい。住民の高齢化により、無人化した住宅や閉店する商店が増加している。権堂・鶴賀などの繁華街で

は、家屋が密集しているが、土地が狭いため空き家が増え、市街地の空洞化が見られる。上千歳・南千歳や問御所などは、長野駅近くにあって、長野市最大の商店街であるが、ここでも常住人口が減少している。

　県町、妻科、新田町、北石堂町、南石堂町、末広町、岡田町、中御所などには、長野県庁、長野市役所、大手企業の支社・出張所などがある。しかし、常住人口の減少が著しく、1985年から2019年の間に同地区では2516人減の7623人、24.8％の大幅な減少になっている（長野市統計書）。

　長野市の中心市街地の人口減は、都市における空洞化現象である。土地が狭小であるため駐車場がないことや核家族化の進行、また高齢者の家庭で若い同居者がいなくなっているからである。

③ヒートアイランド現象

　ヒートアイランド現象とは、都市中心部がその郊外の農村地域よりも気温が高い現象をいう。この現象は地球温暖化とあいまって、都市内部における異常高温の原因となっている。

　なかでも人口が100万人以上の大都市では5℃以上、長野市や松本市など人口が30万人〜40万人の中都市では3℃の違いが出てくる。この現象の原因としては、①ビル、高層物やアスファルトの道路などコンクリートでできたものは、熱しやすく冷めにくいため昼間に吸収した熱が、夜間ゆっくり放出される、②エアコンや自動車の冷暖房による熱の放出、③都市内部には樹木などの緑が少なく気温が上昇してしまう、④都市内部は自動車や工場からの二酸化炭素やフロンなどの大気汚染物質があり温室効果を高めている、などの理由が考えられている。

④循環型社会を目指して

　20世紀中葉から始まった経済の拡大にともなう大量消費・大量廃棄は、二酸化炭素を増やして気候の温暖化をもたらした。ダイオキシンなど有害物質の大気中への排出、ごみ焼却場の処理能力問題、資源の枯渇などの問題を生じてきた。そのため2000年（平成12）に循環型社会形成推進基本法

が制定された。これには製品がごみになったときには製造者が適正に処分を行うこととし、環境への負荷を低減することを定義している。2001年には家電リサイクル法などが施行された。

　長野県のごみ処理は、各市町村が計画的に収集・処理をしていて、燃えるごみは焼却、燃えないごみは埋め立て処分、再資源化できるごみは再生されている。県内にはごみ処理施設として、一般廃棄物最終処分場が45か所ある（2010年）。しかし、ごみ施設の老朽化、最終処分場の残存容量の減少、施設の確保など多くの問題がある。

　ごみ収集手数料の有料化も進んでおり、生活ごみについては77市町村のうち60市町村（77.9％）で有料化されている（全国平均60.7％）。

　一方、ごみの減量化も進められている。2018年度の長野県全体のごみ排出量は約62.2万tである。県民1人あたりのごみ排出量にすると1日811gで、2014年から5年連続で1人あたりのごみ排出量のもっとも少ない都道府県となっている。全国平均は918gで、長野県内では南佐久郡南牧村の306gが最小となっている。長野県の県民1人あたりのごみ排出量は7年連続で減っているが、さらに減量を進めるため、宴席での食べ残しを減らして食品ロスをなくす「30・10（さんまる・いちまる）運動」も実施されている。

　2002年長野県では廃棄物処理計画を策定し、ごみを減らす県民会議を設立して循環型社会の形成に取り組んでいる。ごみのリサイクル率も、1993年の13.8％が2017年には21.2％となり、高い伸び率となっている。

　近年、海洋プラスチックごみが世界的な問題となっており、海洋生物などの生態系や環境に及ぼす影響などが懸念されている。海洋ごみの多くは川からの流入というデータもあり、海に接していない長野県でも「信州プラスチックスマート運動」を開始し、レジ袋を削減するなどの行動スタイルからプラスチックごみの減量化を目指している。

第5章 地域開発

▲改修された千曲川堤防（上田市中之条）
▶「戌の満水」犠牲者を供養した正福寺千人塚（上田市秋和）

1. 千曲川の治水

　千曲川は、長野県の東南端の甲武信ヶ岳に端を発し、佐久・上田・長野・飯山盆地などを流れる。新潟県に入ると信濃川と名を変え、新潟市まで全長367kmに及ぶ長河で、200万人を超える流域人口の生活を支えている。

　しかし、千曲川は暴れ川で洪水も多い。888年（仁和4）の洪水、1847年（弘化4）の善光寺地震後の洪水などがあり、なかでも1742年（寛保2）の洪水（戌の満水）は近世以降最大級の大水害で、流死者が2800人前後に達した大洪水であった。これは旧暦の7月27日から8月1日（新暦8月27日から30日）の豪雨によるものである。その後、1896年（明治29）と1910年、1945年（昭和20）、1982年、1983年に千曲川で大きな水害があったため、何度か治水事業が行われた。1918年（大正7）から1939年まで、内務省（現国土交通省）による堤防の建設が上田から飯山にかけて行われた。この堤防は「内務省堤防」と呼ばれ、千曲川の水害は大幅に減ったが、2019年（令和1）には佐久から飯山にかけて大水害が発生した。

2. 多目的ダムとその活用

▲三峰川の三峰バイパス（伊那市長谷）

▲黒部ダム（富山県立山町）

　長野県の地域開発は、1949年(昭和24)の「国土総合開発法」制定から始まる。当時の河川総合開発は洪水防止、農業用水の確保、水力発電が目的であった。これは第二次世界大戦後の食糧の確保・増産と河川の水害防止が急務であったためである。なかでも梓川にある安曇三ダムが1961年に建設されたことは、注目された。この地域開発事業は「中信平総合開発事業」と呼ばれ、松本盆地の農業の近代化を図るパイロット事業としての役割も担っていた。この事業により梓川の左岸ではりんごや野菜の栽培、右岸ではすいかやレタス、はくさいなどの野菜の産地が形成された。

①観光利用されるダム

　黒部ダムは中部山岳国立公園に属し、ダムサイトから望む立山連峰、大観峰からの景観、夏スキーができる室堂などの観光名所がある。ここへは、4月末から11月末まで大町市扇沢からトロリーバスが運行されており、ダム観光に年間100万人ほどが訪れている。もとは富山県を流れる黒部川にダムを建設し、水量調節と発電を目的にしていた。「世紀の大工事」といわれた黒部ダム建設は、山岳地帯のため工事が困難で、巨額の費用を要した。工事期間も長く、1956年(昭和31)の着工から7年の歳月を要した。この難工事は、石原裕次郎主演の映画「黒部の太陽」となったことでも、一躍有名となった。

　立山黒部アルペンルートの中心的観光地でもあり、長野県企業局による

大町ルート舗装、関西電力のトロリーバスの運行により、1964年から一般に開放され、1971年からは富山県に抜ける観光ルートが完成した。一方、観光客の増加は、車の排気ガス、旅館・ホテルの新設による環境への影響、国立公園内の観光地でのゴミ問題、高山植物・動物への影響などが懸念されるようになっている。

②三峰川のダム建設と問題点

　伊那市を流れる天竜川の支流に三峰川(みぶがわ)がある。三峰川流域は荒廃地が多く、河川勾配(こうばい)が急なため、洪水時には土石流が発生していた。そこで治水と発電、灌漑(かんがい)を目的とした美和(みわ)ダムが建設された。ダムは長谷村非持(ひじ)(現伊那市)にあり1958年(昭和33)着工し、1963年に完成している。ところが発電所建設が工場誘致に結びつかなかったこと、ダム湖に流入する堆砂量が多くダム機能が低下していること、美和ダムや高遠ダムが観光に結びつかなかったなどの問題を残したダムとなった。その後、美和ダムで土砂の流入を抑制する三峰バイパスと三峰堰(せぎ)が2005年(平成17)に完成している。

3. 道路開発と環境保護

　1960年(昭和35)から70年代にかけては、観光開発のための道路建設に問題を投げかけた時期であった。北信では南志賀パノラマルート、南信ではビーナスラインや南アルプススーパー林道などがあり、道路開発か自然保護かで世論を二分した。

　南志賀パノラマルートは、志賀草津高原ルートの万座峠(まんざとうげ)から万座温泉ー山田牧場ー須坂を結ぶもので、1968年に開通した高原ルートであった。志賀高原と南志賀(高山村)の間にある笠岳周辺は崩れやすい火山堆積物のため、台風などの水害があると土砂崩落を起こしている。

▲志賀草津高原ルート（山ノ内町志賀高原）

▲ビーナスライン（諏訪市霧ヶ峰）

▲南アルプススーパー林道（伊那市長谷）

　ビーナスラインは、霧ヶ峰高原－和田峠－扉峠－美ヶ原を結ぶ道路で、長野県企業局が1967年に茅野市街地と白樺湖間を開通させた。当時この道路建設は自然破壊だとして、自然保護団体や山岳関係者、学生に一般県民も加わり、反対運動が盛り上がった。しかし、長野県は信州の観光道路の見本として完成させた。2002年（平成14）、ビーナスラインの保護と利用について考える研究会が発足し、八島ヶ原湿原や強清水、和田峠を結ぶシャトルバスの運行を実施し、環境保護に努めている。さらに研究会は霧ヶ峰の利用について提言をしているが、霧ヶ峰は国定公園でありながら民有地が7割と多いため、利害関係が複雑になっており、開発と自然保護とのはざまで利用計画は難航しているのが現状である。

　南アルプススーパー林道は、上伊那郡長谷村（現伊那市）と山梨県芦安村（現南アルプス市）を結ぶ全長59kmの山岳観光道路で、1968年着工し、72年に完成した。県境には北沢峠（2026m）があり、千丈ヶ岳や東駒ヶ岳など南アルプス北部の登山基地となっている。しかし、道路建設は傾斜面の土砂を削り、谷に押し流すものとして、自然保護団体から非難された。また林道の岩石は蛇紋岩が多く、水を含むと崩れやすいため、ときに崩落して通行止めになることがある。

　ビーナスラインは有料道路であったが、道路完成から30年あまり経ち、減価償却したため2002年から無料となり、春から夏にかけて観光客が多く利用している。しかし、南志賀パノラマルートと南アルプススーパー林道は、観光として利用する人が少なく、特に南アルプススーパー林道は許可車のみの通行であり、ここを走る専用の市営バスは毎年赤字となっている。

第6章 長野県の国際化

◀軽井沢初の別荘ショーハウス（軽井沢町）

1. 宣教師による長野県の国際化

　明治時代、多くの外国人が長野県にやってきた。なかでも軽井沢は信州の国際化の先駆けともなった場所である。1886年（明治19）に軽井沢を訪れたカナダ生まれの宣教師アレキサンダー・クロフト・ショーは、軽井沢で一夏を過ごして、軽井沢の自然が避暑地として好適な場所であると紹介した。1893年には、上野―直江津間の信越本線の開通によって、軽井沢への避暑客が増加した。翌94年にはプロテスタント宣教師の国際会議が開かれた。会議には外国人が200人来て、万平ホテル（1894年開業した外国人向けホテル）に宿泊した。また1920年（大正9）には軽井沢ゴルフ倶楽部がオープンしている。設計は英国人ゴルファーのトム・ニコル、当初倶楽部会員は60人で多くは外国人であった。

　大正時代に入ると、軽井沢には日本人の上流階級の別荘が増えた。そのため夏休みをゆっくり過ごしたいという外国人の中には、北信濃の野尻湖に別荘を移す人がいた。この中心がカナダ生まれの牧師ダニエル・ノーマ

ンとマック・ウィリアムで、「軽
井沢避暑地が漸次繁盛に向かい質
素なる避暑地としての適地に非ざ
ること、また合衆国の滞在するも
の年を遂て増加するを似て感情
上此地を避け、他に適当の避暑
地を求めんとした。」（田中阿歌
麿『野尻湖の研究』1926年）。野

▲野尻湖畔の外国人別荘（信濃町野尻）

尻湖畔の神山地籍に1921年、4.8万坪の土地を買収して、ここに1924
年までに60戸ほどの外国人別荘が建設された。野尻湖会（Nojiriko Lake
Asociations、N.L.A）が結成され、外国人村を法人化して飲料水・電気の
供給、道路建設、運動場・水泳場・浴場などの経営を行った。現在でも野
尻湖畔の神山には300戸ほどの外国人別荘がある。

2. 長野県の外国人

　私たちにとって、長野県内における外国人、長野県人の海外旅行、海外
への県内企業の進出、外国企業の県内への進出、県内に滞在した外国人旅
行者などが、国際化という言葉を想起させる。

　長野県には、約97か国、3万7533人の外国人が居住している（2019年）。
もっとも多い国籍は中国の9379人（25.0%）で、次いでブラジルの5044
人（13.4%）、ベトナムの4722人（12.6%）、フィリピンの（12.5%）、韓国・
朝鮮（9.6%）と続く。外国人の住民は、2015年（平成27）から5年連続で
増加しており、その内訳は永住者（35.4%）、技能実習（18.6%）で半数を超
えている。また市町村別では、松本市、上田市、長野市の都市部に外国人
の居住者数が多いが、総人口に外国人が占める割合では、白馬村が総人口
9484人に対して外国人1113人で11.4%となっており、その割合は突出
している（2019年）。

3. 長野県の国際交流

　1998年（平成10）の長野冬季オリンピック、パラリンピック時に長野市内の小中特殊学校（76校）が、学校ごとに参加した国を1か国ずつ学習して交流する1校1国運動が実施された。学校ごとにオリンピックに参加した国を応援し、交流を深めるもので、オリンピック史上初めての試みでもあった。

　オリンピック時には、各国選手が担当になった学校を訪れ、日本や相手国の歌を歌ったり、プレゼント交換などが行われたりした。また相手国の選手の競技を応援して、児童・生徒だけでなく、地域や保護者、相手国にも大きな感動を与えた。1校1国運動は、その後に行われたシドニー大会（2000年）、ソルトレーク冬季大会（2002年）などでも実施された。

　長野市内の1校1国運動は、オリンピック開催時だけでなく現在も数々の取り組みが行われている。長野市立三本柳小学校では担当したボスニア・ヘルツェゴビナと現在も交流が続けられ、現地の小学生を招いて、かつての内戦の悲惨さを学習し、地雷や義足について学び、義足使用者のための靴を送る運動まで発展している。

◀三本柳小学生のボスニア・ヘルツェゴビナのサラエボ訪問（2004年）

統計に見る日本の中の長野県

協力：長野県企画振興部情報政策課統計室

項目	数値	単位	全国順位	備考
【自然】				
面積	13,561.56	km²	4	2018.10.1 国土地理院
林野面積	1,031,536	ha	3	2015 世界農林業センサス
自然公園面積	278,515	ha	3	2019.3.31 環境省調
【人口】				
人口	2,098,804	人	16	2015.10.1 国勢調査
世帯数	807,108	世帯	16	2015.10.1 国勢調査
平均年齢（男）	46.4	歳	12	2015.10.1 国勢調査
平均年齢（女）	49.8	歳	19	2015.10.1 国勢調査
平均寿命（男）	81.75	歳	2	2015 都道府県別生命表
平均寿命（女）	87.67	歳	1	2015 都道府県別生命表
老年人口割合	30.1	%	13	2015.10.1 国勢調査
【産業】				
就業率	59	%	2	2015.10.1 国勢調査
女性就業率	50.6	%	2	2015.10.1 国勢調査
高齢者就業率	28.7	%	1	2015.10.1 国勢調査
第1次産業就業率	9.3	%	9	2015.10.1 国勢調査
第2次産業就業率	29.2	%	12	2015.10.1 国勢調査
第3次産業就業率	61.6	%	46	2015.10.1 国勢調査
総農家数	104,759	戸	1	2015 世界農林業センサス
農業産出額	2,475	億円	13	2017 年生産農業所得統計
事業所数（民間事業所）	107,916	事業所	15	2016 経済センサス-活動調査
従業者数（民間事業所）	928,421	人	15	2016 経済センサス-活動調査
事業所数（製造業）	4,994	事業所	15	2017 工業統計表概要（4人以上の事業所）
製造品出荷額等	5,831,935	百万円	19	2017 工業統計表概要（4人以上の事業所）
事務所数（卸売・小売業）	24,779	事業所	16	2016 経済センサス-活動調査
商品販売額	5,846,310	百万円	17	2016 経済センサス-活動調査
【生活】				
県内総生産（名目）	82,723	億円	-	2016 年度県民経済計算
1人あたり県民所得	2,882	千円	-	2016 年度県民経済計算
1人あたりの酒類消費量	76.2	ℓ	25	2017 年度国税庁統計年表
1人あたり都市公園面積	14.7	m²	15	2018.3.31 都市公園等整備現況調査
道路延長	47,727.5	km	5	2017.4.1 道路統計年報
道路舗装率	74.7	%	39	2017.4.1 道路統計年報
1世帯あたり自動車保有率	1.58	台	8	2018.3.31 自動車検査登録情報協会
10万人あたり病床数	1,150.2	床	35	2017.10.1 医療施設調査
持ち家率	72.0	%	11	2015.10.1 国勢調査
下水道普及率	97.8	%	6	2018.3.31 国土交通省調
生活保護率	5.4	%	45	2019.4 生活保護速報
1人あたり老人医療費	827,202	円	40	2017 年度後期高齢者医療事業年報
温泉地数	215	箇所	2	2018.3.31 温泉利用状況
【教育】				
高等学校等進学率	99.0	%	17	2019.5.1 学校基本調査（速報）
大学等進学率	47.8	%	30	2019.5.1 学校基本調査（速報）
10万人あたり公民館数	72.42	館	1	2015.10.1 社会教育調査
10万人あたり図書館数	5.48	館	4	2015.10.1 社会教育調査
10万人あたり博物館数	4.05	館	1	2015.10.1 社会教育調査

長野県内市町村別主要統計

郡市町村名 (2018.10.1)	面 積	人口と世帯数 (2019.4.1)				人口密度 (2019.4.1)	65歳以上 人口割合 (2019.4.1)	産業3区分別就業者数 (2018.10.1)			
		総数	男	女	世帯			総 数	第1次産業	第2次産業	第3次産業
	㎢	人	人	人	世帯	人／㎢	%	人	人	人	人
長 野 県 ※	13,561.56	2,052,033	1,001,110	1,050,923	824,255	151.3	31.8	1,069,860	96,899	304,510	643,203
北信											
長 野 市	834.81	370,033	179,130	190,903	152,629	443.3	30.2	190,960	11,593	41,409	130,419
須 坂 市	149.67	49,768	24,448	25,320	18,927	332.5	32.0	25,540	2,991	7,351	14,753
中 野 市	112.18	42,544	20,594	21,950	15,671	379.2	31.7	24,618	5,823	5,757	12,929
飯 山 市 ※	202.43	19,939	9,667	10,272	7,328	98.5	37.9	11,338	2,062	2,554	6,585
千 曲 市	119.79	59,294	28,686	30,608	22,074	495.0	32.8	29,803	1,942	9,933	17,565
上 高 井 郡	117.68	17,230	8,368	8,862	5,976	146.4	35.0	10,037	2,178	2,689	5,120
小 布 施 町	19.12	10,485	5,045	5,440	3,632	548.4	34.8	6,012	1,376	1,455	3,150
高 山 村	98.56	6,745	3,323	3,422	2,344	68.4	35.1	4,025	802	1,234	1,970
下 高 井 郡	423.18	19,428	9,401	10,027	7,348	45.9	40.0	11,639	2,691	2,091	6,793
山 ノ 内 町	265.90	11,581	5,620	5,961	4,484	43.6	41.2	7,097	1,772	1,192	4,096
木 島 平 村	99.32	4,414	2,130	2,284	1,572	44.4	39.4	2,595	670	564	1,342
野 沢 温 泉 村	57.96	3,433	1,651	1,782	1,292	59.2	36.9	1,947	249	335	1,355
上 水 内 郡	282.41	20,647	10,097	10,550	7,905	73.1	41.8	12,220	2,562	2,895	6,574
信 濃 町	149.30	7,828	3,854	3,974	3,093	52.4	43.0	4,484	760	1,106	2,586
飯 綱 町	75.00	10,424	5,073	5,351	3,799	139.0	39.7	6,412	1,550	1,422	3,301
小 川 村	58.11	2,395	1,170	1,225	1,013	41.2	47.0	1,324	252	367	687
下 水 内 郡 ※	271.66	1,716	835	881	693	6.3	52.3	1,020	338	175	507
栄 村 ※	271.66	1,716	835	881	693	6.3	52.3	1,020	338	175	507
埴 科 郡	53.64	14,367	7,088	7,279	5,624	267.8	35.3	7,516	566	3,312	3,591
坂 城 町	53.64	14,367	7,088	7,279	5,624	267.8	35.3	7,516	566	3,312	3,591
東 信											
上 田 市	552.04	154,538	75,786	78,752	64,205	279.9	30.6	77,729	3,964	25,443	45,379
小 諸 市	98.55	41,505	20,174	21,331	16,960	421.2	32.9	21,687	1,975	6,138	12,626
東 御 市	112.37	29,468	14,492	14,976	11,292	262.2	31.4	15,317	1,835	5,001	8,449
佐 久 市	423.51	98,453	48,097	50,356	39,769	232.5	30.8	48,209	4,262	13,847	29,128
小 県 郡	240.96	9,906	4,804	5,102	3,908	41.1	40.4	5,148	558	1,638	2,891
長 和 町	183.86	5,782	2,839	2,943	2,373	31.4	41.9	3,108	341	881	1,829
青 木 村	57.10	4,124	1,965	2,159	1,535	72.2	38.4	2,040	217	757	1,062
北 佐 久 郡	281.69	41,180	20,158	21,022	17,704	146.2	31.6	21,059	1,809	4,668	14,195
軽 井 沢 町	156.03	19,065	9,154	9,911	8,641	122.2	32.3	9,252	306	1,289	7,373
御 代 田 町	58.79	15,203	7,575	7,628	6,354	258.6	28.3	7,815	790	2,312	4,614
立 科 町	66.87	6,912	3,429	3,483	2,709	103.4	36.5	3,992	713	1,067	2,208
南 佐 久 郡	767.43	23,581	11,883	11,698	8,191	30.7	37.1	14,616	5,629	2,539	6,364
小 海 町 ※	114.20	4,432	2,152	2,280	1,842	38.8	42.1	2,512	570	547	1,392
佐 久 穂 町 ※	188.15	10,385	5,029	5,356	3,958	55.2	38.8	5,728	929	1,595	3,158
川 上 村	209.61	3,909	2,154	1,755	692	18.6	30.2	3,277	2,492	129	647
南 牧 村	133.09	3,184	1,720	1,464	956	23.9	31.4	2,196	1,330	105	757
南 相 木 村	66.05	936	462	474	428	14.2	43.2	513	185	82	232
北 相 木 村	56.32	735	366	369	315	13.1	37.3	390	123	81	178
中 信											
松 本 市	978.47	240,086	117,794	122,292	102,321	245.4	27.9	121,552	6,794	28,388	82,036
大 町 市	565.15	26,496	12,817	13,679	10,848	46.9	38.1	14,018	1,228	3,956	8,513
塩 尻 市 ※	289.98	66,669	33,264	33,405	27,521	229.9	28.5	35,371	2,729	11,832	20,716
安 曇 野 市	331.78	94,378	45,392	48,986	36,092	284.5	31.6	48,503	4,239	13,529	29,560
北 安 曇 郡 ※	544.50	30,714	15,009	15,705	12,136	56.4	35.2	16,486	1,467	4,084	10,769
池 田 町	40.16	9,446	4,514	4,932	3,535	235.2	39.4	4,813	444	1,374	2,971
松 川 村	47.07	9,612	4,607	5,005	3,529	204.2	34.4	5,186	572	1,682	2,912
白 馬 村 ※	189.36	8,921	4,505	4,416	3,879	47.1	30.7	4,885	281	686	3,798
小 谷 村 ※	267.91	2,735	1,383	1,352	1,193	10.2	38.5	1,602	170	342	1,088

※は境界未定部分を含む市町村、表中「X」は数値を秘匿、「0」は単位に満たないもの、「―」は調査を行ったが数値がないもの

協力：長野県企画振興部情報政策課統計室

農業 (2015.2.1)		森林面積 (2018.9.1)	工業 (2017.6.1)		商業 (2016.6.1)		民営事業所 (2016.6.1)	小学校 (2019.5.1)		中学校 (2019.5.1)			普通会計決算額 (2018年度)		自動車保有台数 (2019.3.31)
農業経営体	経営耕地面積		事業所数	製造品出荷額等	事業所数	商品販売額	事業所数	学校数	児童数	学校数	生徒数	高校等進学率	歳入総額	うち地方交付税	登録自動車
経営体	ha	ha	所	百万円	所	百万円	所	校	人	校	人	%	百万円	百万円	台
53,808	69,761	1,058,795	4,994	5,831,935	24,779	5,846,310	107,916	371	105,871	196	56,013	99.0	1,004,696	250,573	964,253
5,491	4,048	52,508	499	550,613	4,685	1,750,068	19,570	59	19,626	30	10,314	98.9	148,450	20,680	169,264
1,426	1,171	10,199	155	126,681	572	85,290	2,509	11	2,632	4	1,283	99.2	21,933	4,535	21,309
2,018	1,968	4,620	100	107,171	567	82,386	2,085	11	2,253	4	1,141	99.0	20,518	5,386	17,704
1,220	1,799	12,147	28	67,112	314	37,721	1,221	7	873	2	533	98.9	15,066	5,014	8,818
1,234	816	7,077	197	192,527	616	112,368	2,708	9	2,906	5	1,806	99.4	31,127	7,060	25,976
					175	17,875	794	2	940	2	503	98.3	9,368	3,308	7,257
648	683	254	30	8,791	133	13,700	493	1	590	2	319	97.3	5,098	1,520	4,088
523	451	8,709	31	19,333	42	4,175	301	1	350	1	184	100	4,270	1,788	3,168
					253	11,328	1,511	5	793	3	453	97.6	14,382	5,745	8,431
627	610	23,473	7	1,291	142	6,804	844	3	446	1	248	100	7,228	2,295	5,083
356	623	8,124	13	3,432	49	1,971	224	1	210	1	126	95.2	3,567	1,829	2,014
187	168	4,687	6	216	62	2,553	443	1	137	1	79	91.7	3,587	1,621	1,333
					218	15,352	1,008	3	564	2	302	97.7	16,483	7,622	9,786
448	1,027	10,824	17	25,343	97	7,613	520	—	—	—	—	—	5,847	2,527	3,941
981	1,144	3,979	12	11,433	86	6,805	366	2	477	1	247	98.7	7,390	3,471	4,786
122	70	4,269	6	3,389	35	934	122	1	87	1	55	92.3	3,246	1,624	1,053
					23	1,264	106	2	42	1	28	100	3,899	1,503	804
249	230	25,099	4	613	23	1,264	106	2	42	1	28	100	3,899	1,503	804
					114	18,429	660	3	701	1	410	100	7,000	1,122	6,816
305	258	3,600	130	190,422	114	18,429	660	3	701	1	410	100	7,000	1,122	6,816
2,339	2,797	39,172	388	475,348	1,820	458,538	7,623	25	8,007	12	4,347	99.2	68,722	14,715	71,976
1,110	1,438	3,525	105	124,942	455	91,705	2,064	6	2,106	2	1,080	97.9	17,712	4,036	20,587
1,317	1,575	5,677	89	127,254	283	57,975	1,313	5	1,580	2	806	99.3	15,628	4,343	15,039
3,609	3,850	26,153	252	204,816	1,143	199,126	4,788	17	5,129	8	2,921	98.9	46,091	12,709	47,361
					88	4,949	552	3	443	1	126	100	8,755	4,252	4,933
215	561	15,842	26	4,972	57	3,302	371	2	229	—	—	—	5,806	2,769	2,936
167	163	4,642	19	8,829	31	1,647	181	1	214	1	126	100	2,949	1,483	1,994
					706	88,769	2,681	6	2,068	3	1,039	99.7	26,109	2,958	22,738
124	200	9,748	11	3,087	523	61,831	1,721	2	956	1	407	100	14,253	24	11,573
305	504	3,452	28	88,018	116	21,131	583	2	824	1	468	99.3	6,944	1,274	7,576
679	817	3,854	19	9,079	67	5,807	377	1	288	1	164	100	4,912	1,660	3,588
					257	36,943	1,188	9	1,161	4	531	100	24,126	10,111	15,169
212	705	9,386	14	1,552	71	8,227	295	1	160	1	139	100	3,997	1,705	2,696
576	626	15,152	31	8,002	100	6,642	505	2	576	1	231	100	8,694	4,060	5,287
517	1,748	17,773	2	X	44	8,365	174	2	176	1	76	100	4,265	1,997	3,592
368	1,544	9,384	1	X	31	13,025	144	2	153	1	85	100	3,902	1,473	2,674
67	105	5,889	—	—	7	593	46	1	35	—	—	—	1,901	191	537
50	93	5,126	1	X	4	91	24	1	61	—	—	—	1,367	685	382
3,930	5,784	79,310	318	506,429	3,321	1,136,089	13,179	32	13,028	24	6,436	99.2	89,929	13,515	116,546
1,120	2,251	49,203	43	69,628	326	41,687	1,593	5	1,053	3	600	99.6	17,196	5,752	13,613
1,408	1,906	22,308	162	700,895	692	158,755	2,876	9	3,283	6	1,774	99.4	27,505	5,580	31,247
3,192	5,415	20,147	210	431,451	876	184,765	3,816	10	4,833	7	2,598	99.3	39,808	10,466	43,599
					325	28,117	2,234	6	1,427	4	733	98.2	25,270	7,564	15,974
404	721	2,152	24	17,793	93	9,403	428	2	411	1	222	97.7	5,651	1,935	4,253
468	1,028	2,620	18	8,872	78	7,886	364	1	475	1	250	100	4,036	1,641	4,675
251	627	15,746	6	2,284	119	9,202	1,137	2	425	1	202	97.1	7,052	1,798	5,407
152	108	23,709	3	1,367	35	1,626	305	1	116	1	59	95.5	8,531	2,010	1,638

長野県内市町村別主要統計

郡市町村名 (2018.10.1)	面積	人口と世帯数 (2019.4.1)				人口密度 (2019.4.1)	65歳以上 人口割合 (2019.4.1)	産業3区分別就業者数 (2018.10.1)			
		総数	男	女	世帯			総数	第1次産業	第2次産業	第3次産業
	km	人	人	人	世帯	人／km	%	人	人	人	人
東 筑 摩 郡	268.51	21,330	10,456	10,874	7,738	79.4	35.6	11,971	2,368	3,042	6,436
麻 績 村	34.38	2,633	1,260	1,373	985	76.6	44.8	1,401	306	298	796
生 坂 村	39.05	1,668	808	860	668	42.7	43.9	902	145	255	501
山 形 村	24.98	8,332	4,088	4,244	2,895	333.5	28.4	4,700	864	1,264	2,535
朝 日 村	70.62	4,363	2,162	2,201	1,463	61.8	31.6	2,536	541	647	1,270
筑 北 村	99.47	4,334	2,138	2,196	1,727	43.6	44.8	2,432	512	578	1,334
木 曽 郡	1546.15	26,148	12,635	13,513	11,093	16.9	42.1	14,496	1,198	4,249	8,972
上 松 町	168.42	4,261	2,084	2,177	1,770	25.3	41.6	2,303	173	710	1,418
南 木 曽 町	215.93	3,977	1,913	2,064	1,636	18.4	42.9	2,266	210	796	1,252
木 曽 町	476.03	10,883	5,312	5,571	4,768	22.9	41.5	6,107	496	1,352	4,215
木 祖 村	140.50	2,739	1,253	1,486	1,022	19.5	43.0	1,482	118	469	882
王 滝 村	310.82	752	353	399	375	2.4	42.3	440	49	67	323
大 桑 村	234.47	3,536	1,720	1,816	1,522	15.1	43.2	1,898	152	855	882
南　　　信											
岡 谷 市 ※	85.10	48,438	23,560	24,878	19,304	569.2	34.2	23,992	373	9,935	13,449
諏 訪 市 ※	109.17	48,788	23,872	24,916	20,675	446.9	30.8	28,683	797	8,434	15,090
茅 野 市 ※	266.59	55,483	27,711	27,772	23,234	208.1	30.1	28,683	1,943	10,316	16,141
伊 那 市	667.93	66,709	32,729	33,980	27,258	99.9	31.7	35,084	3,179	11,507	19,314
駒 ヶ 根 市 ※	165.86	32,111	15,684	16,427	12,968	193.6	31.0	17,119	1,309	6,619	9,064
飯 田 市	658.66	98,449	47,239	51,210	38,021	149.5	32.9	52,685	4,297	16,518	30,225
諏 訪 郡 ※	254.89	40,900	19,872	21,028	16,199	160.5	36.7	21,201	2,113	7,227	11,732
下 諏 訪 町	66.87	19,347	9,337	10,010	7,876	289.3	38.1	9,675	135	3,641	5,830
富 士 見 町	144.76	13,935	6,769	7,166	5,479	96.3	36.1	7,380	971	2,466	3,895
原 　 村 ※	43.26	7,618	3,766	3,852	2,844	176.1	34.3	4,146	1,007	1,120	2,007
上 伊 那 郡 ※	514.61	82,023	40,481	41,542	32,436	159.4	31.2	42,769	3,719	17,771	20,719
辰 野 町 ※	169.20	18,983	9,268	9,715	7,627	112.2	37.2	9,600	467	4,288	4,802
箕 輪 町	85.91	25,136	12,696	12,440	9,901	292.6	29.1	12,938	916	5,800	5,950
飯 島 町	86.96	9,144	4,447	4,697	3,480	105.2	36.6	5,237	871	2,002	2,350
南 箕 輪 村	40.99	15,402	7,663	7,739	6,390	375.8	23.5	7,654	509	2,863	4,093
中 川 村	77.05	4,666	2,200	2,466	1,695	60.6	35.7	2,816	628	914	1,273
宮 田 村 ※	54.50	8,692	4,207	4,485	3,343	159.5	29.6	4,524	328	1,904	2,251
下 伊 那 郡	1270.23	57,923	27,901	30,022	20,207	45.6	36.1	32,788	6,368	9,663	16,599
松 川 町	72.79	12,719	6,112	6,607	4,422	174.7	34.2	7,481	1,696	2,312	3,420
高 森 町	45.36	12,746	6,136	6,610	4,325	281.0	32.1	7,036	1,212	2,094	3,684
阿 南 町	123.07	4,527	2,173	2,354	1,560	36.8	44.2	2,380	376	651	1,344
阿 智 村	214.43	6,217	2,959	3,258	2,174	29.0	35.9	3,531	513	991	2,005
平 谷 村	77.37	415	202	213	194	5.4	35.9	213	23	38	145
根 羽 村	89.97	865	420	445	390	9.6	53.9	519	113	135	271
下 條 村	38.12	3,644	1,762	1,882	1,150	95.6	34.1	2,088	459	653	975
売 木 村	43.43	522	239	283	248	12.0	46.6	330	101	39	190
天 龍 村	109.44	1,196	561	635	581	10.9	63.5	613	115	165	332
泰 阜 村	64.59	1,583	740	843	613	24.5	41.4	930	187	265	478
喬 木 村	66.61	6,096	2,946	3,150	2,014	91.5	34.8	3,433	612	1,027	1,792
豊 丘 村	76.79	6,438	3,187	3,251	2,105	83.8	33.2	3,765	809	1,208	1,732
大 鹿 村	248.28	955	464	491	431	3.8	49.4	469	152	85	231
調査等	全国都道府県市区町村別面積調	長野県毎月人口異動調査				人口総数／面積	長野県毎月人口異動調査	平成27年国勢調査			

※は境界未定部分を含む市町村、表中「X」は数値を秘匿、「0」は単位に満たないもの、「―」は調査を行ったが数値がないもの

農業 (2015.2.1)		森林面積 (2018.9.1)	工業 (2017.6.1)		商業 (2016.6.1)		民営事業所 (2016.6.1)	小学校 (2019.5.1)		中学校 (2019.5.1)			普通会計決算額 (2018年度)		自動車保有台数 (2019. 3. 31)
農業経営体	経営耕地面積		事業所数	製造品出荷額等	事業所数	商品販売額	事業所数	学校数	児童数	学校数	生徒数	高校等進学率	歳入総額	うち地方交付税	登録自動車
経営体	ha	ha	所	百万円	所	百万円	所	校	人	校	人	%	百万円	百万円	台
					198	30,939	832	6	1,018	4	602	98.8	16,647	7,544	11,207
218	171	2,335	7	1,984	28	1,368	133	1	99	1	59	96	2,638	1,343	1,057
113	89	3,074	3	741	18	170	91	1	69	1	30	100	2,260	1,105	893
388	663	1,276	13	4,783	70	24,677	304	1	480	—	—	—	3,531	1,253	4,796
218	350	6,150	5	10,050	25	2,616	128	1	218	1	450	98.9	3,701	1,449	2,435
342	270	8,319	8	1,689	57	2,107	176	2	152	1	63	100	4,517	2,394	2,022
					459	29,265	2,015	9	1,068	8	610	98.5	27,225	12,066	13,659
122	154	16,083	15	13,072	84	6,505	318	1	167	1	100	100	3,748	1,837	2,161
182	133	20,298	27	7,709	81	2,454	321	1	210	1	99	100	3,738	1,731	1,998
327	491	43,011	28	5,385	183	15,712	863	4	437	3	238	97.4	10,784	4,826	5,748
63	124	12,804	6	X	49	1,405	227	1	126	1	73	95.2	2,953	1,201	1,632
14	8	29,752	1	X	17	299	69	1	16	1	17	100	2,063	875	412
128	122	22,462	19	32,895	45	2,890	217	1	112	1	83	100	3,939	1,596	1,717
88	73	5,675	255	160,318	604	123,875	2,684	7	2,351	4	1,287	99.7	19,172	3,987	21,781
407	469	7,291	173	94,479	709	183,620	3,299	7	2,496	5	1,447	99.4	20,313	2,911	23,250
1,184	1,500	20,085	211	193,357	575	93,401	3,045	9	2,939	4	1,509	99.2	25,145	5,627	25,351
1,472	3,874	55,395	135	165,188	810	152,359	3,451	15	3,574	6	1,984	99.7	33,937	9,907	30,839
760	1,376	12,487	106	134,419	418	62,621	1,798	5	1,741	2	914	98.8	15,059	3,240	14,933
2,122	1,631	55,597	275	232,153	1,379	292,664	6,124	19	5,397	9	2,760	98.7	47,448	11,660	44,647
					425	60,819	2,139	6	2,056	4	1,077	99.7	21,118	5,332	19,221
22	13	5,647	74	25,234	251	38,139	1,056	2	913	2	463	99.4	8,197	1,680	8,283
608	974	10,158	57	69,886	121	15,432	683	3	738	1	367	100	8,140	2,084	6,583
508	938	1,962	16	8,329	53	7,247	400	1	405	1	247	100	4,781	1,568	4,355
					725	128,337	3,554	17	4,577	6	2,304	99.4	37,421	11,014	38,701
327	444	14,532	91	100,609	179	29,866	865	5	974	1	469	98.8	8,541	2,698	8,562
739	938	5,485	133	159,287	226	37,653	1,081	5	1,359	1	725	98.7	9,678	2,087	11,098
602	895	6,275	38	49,607	68	5,413	432	2	425	1	214	100	5,056	1,795	4,101
274	505	2,311	51	76,464	134	37,933	579	2	1,017	1	467	100	6,553	1,507	8,584
464	508	5,860	12	3,470	34	2,343	186	2	269	1	141	100	3,437	1,760	2,152
102	396	4,215	47	50,241	84	15,130	411	1	533	1	288	100	4,156	1,167	4,203
					648	68,910	2,896	26	3,206	14	1,755	98.5	46,131	19,312	25,717
808	722	4,767	51	30,316	129	12,713	587	2	658	1	357	97.8	6,400	2,353	5,941
787	681	2,554	38	29,126	122	32,454	509	2	826	1	447	98.6	7,080	2,165	5,628
230	155	10,438	10	3,985	62	3,813	254	2	184	2	99	100	3,970	2,021	1,648
305	240	19,458	23	15,644	91	5,091	437	5	366	1	195	100	5,646	2,642	2,879
15	5	7,382	1	X	7	180	45	1	26	—	—	—	869	421	196
78	45	8,547	4	1,201	19	463	68	1	20	1	18	100	2,436	983	497
304	293	2,652	10	13,894	40	2,619	162	1	201	1	134	97.9	2,556	1,185	1,493
67	48	3,838	1	X	11	96	46	1	29	1	18	100	1,416	596	217
50	29	10,207	—	—	22	291	83	2	21	2	16	100	2,141	1,142	562
75	59	5,582	2	X	22	332	90	1	68	1	51	100	2,129	1,106	653
327	248	5,323	15	6,770	62	4,552	299	2	360	1	195	98.5	3,708	1,753	2,644
458	360	6,232	22	12,296	43	5,945	240	2	405	1	207	96.8	5,378	1,757	2,916
95	136	23,738	6	915	18	360	76	1	42	1	18	100	2,402	1,138	442
2015年農林業センサス		長野県林務部森林政策課調	平成29年工業統計調査		平成28年経済センサス-活動調査		平成28年経済センサス-活動調査	令和元年度学校基本調査					市町村課提供資料		北陸信越運輸局長野運輸支局

索引

おもな参考文献

日本地誌研究所編『日本地誌第11巻長野県・山梨県・静岡県』（二宮書店・1979年）

国立天文台『理科年表』（丸善・2012年）

『日本の地形5 中部』（東大出版会・2006年）

信州地理研究会編著『おはなし長野県の地理』（信濃教育会出版部・1980年）

信州地理科学研究会編著『変貌する信州』（信濃教育会出版部・1973年）

信州地理研究会編著『変貌する信州II』（信濃教育会出版部・1993年）

信州地理研究会編著『長野県の自然とくらし』（信濃毎日新聞社・2002年）

『ふるさと地理誌1〜5』（信濃毎日新聞社・1985年）

小林寛義著『長野県の地誌』（信濃教育会出版部・1985年）

市川健夫・小林寛義著『ふるさと地理誌』（信濃毎日新聞社・1976年）

市川健夫著『信州学ことはじめ』（第一法規出版・1988年）

市川健夫著『信州学入門』（信濃教育会出版部・1989年）

市川健夫著『信州学ノート』（信濃教育会出版部・1994年）

市川健夫著『信州学大全』（信濃毎日新聞社・2004年）

宮澤清治監修・荒井伊佐夫『信州の空模様』（信濃毎日新聞社・1988年）

倉嶋厚著『お天気博士の気象ノート』（講談社・1980年）

建設省北陸地方建設局『信濃川百年史』（北陸建設弘済会・1979年）

『信濃の青竜　犀川』（建設省北陸地方建設局千曲川工事事務所・1994年）

『千曲川の今昔』（国土交通省千曲川工事事務所・2001年）

『まさか王滝に！長野県西部地震の記録』（王滝村・1986年）

『水害写真集　濁流の記録』（建設省北陸地方建設局・1981年）

農業土木歴史研究会『安曇野水土記』（関東農政局安曇野農業水利事業所・2000年）

長野県教育委員会編『地下に発見された更埴市条里遺構の研究』（信毎書籍・1968年）

『長野県の水道』（長野県生活環境部・2004年）

『飲み水を求めた人々の歩み』（上田小県近現代史研究会・2002年）

『長野県土地改良史　第1巻・第2巻』（長野県土地改良事業団体連合会・1999年）

『長野県における農業水利の展開と農業発展』（関東農政局・1970年）

松崎岩夫著『長野県の地名その由来』（信濃古代文化研究所・1991年）

近代水道100年記念誌編集編『水道のあゆみ』（長野県水道協議会・1987年）

『信州からまつ造林百年の歩み』（長野県・1978年）

『森をつくる』（信濃毎日新聞社・1983年）

信州大学『信州の4億年』（郷土出版社・1994年）

信州大学山岳科学総合研究所『山と里を活かす』（信濃毎日新聞社・2003年）

地域林業振興研究会『山づくり、むらづくり、人づくり最前線』（日本林業調査会・1995年）

田中武『長野県水産史』（長野県漁業協同組合連合会・1969）

『長野県の園芸特産』（長野県農政部園芸特産課・2005年）

『長野県そ菜発展史』（長野県経済事業農業共同組合連合会・1974年）

『工業統計調査結果報告書』（長野県企業局情報政策課・2010年）

『長野県工場名鑑』（長野県工業調査会・2000年）

『わが国の人口集中地区』（総務省統計局・2002年）

『中部地方電気事業史　上巻・下巻』（中部電力電気事業連合会統計委員会・1995）

『電気事業便覧』（日本電気協会・2005年）

馬瀬良雄『信州の方言』（第一法規出版・1971）

『聞き書　長野の食事』（農山漁村文化協会・1986）

『長野県統計書　平成22年版』（長野県総務部情報統計課・2013）

『ながの県勢要覧　平成23年版』（長野県総務部情報統計課・2012）

長野県編『長野県史　通史編　第4巻近世1　第9巻近代3』（長野県史刊行会・1989年）

長野県編『長野県史　方言編』（長野県史刊行会・1991年）

長野県編『長野県史　民俗編』（長野県史刊行会・1993年）

上田小県誌刊行会編『上田小県誌第4巻　自然編』（小県上田教育会・1963年）

上田市誌編纂委員会編『上田市誌近現代編3　現代産業へのあゆみ』（上田市・2002年）

須坂市史編纂委員会編『須坂市史』（須坂市・1981年）

穂高町誌編纂委員会編『穂高町誌第3巻　歴史編　下』（穂高町誌刊行会・1991）

生坂村誌編纂委員会編『生坂村誌歴史民俗編』（生坂村誌刊行会・1997年）

波田町誌編纂委員会編『波田町誌[2]　歴史現代編』（波田町教育委員会・1987年）

塚原弘昭編著『長野県の地震入門』（しなのき書房・2011年）

市川健夫監修『長野県の災害』（郷土出版社・2012年）

市川正夫著『長野県の鉱山と鉱石』（信毎書籍出版センター・2018年）

市川正夫著『信州学　長野と松本のなぜ？』（信教出版・2019年）

※このほかに各市町村史誌、要覧、統計書、ホームページなどを参考にさせていただきました。

あとがき

　本書は2008年に発刊された『やさしい長野県の教科書　地理』の再改訂版です。地理という学問分野は年々統計が変化しています。農作物の生産量、人口、工業生産高などが毎年変わっています。なかでも農作物の生産量は天候などに左右されるため、大きく減少することがあります。そのため地理関係の書籍は、5年に一度は改訂を余儀なくされます。それは必然ですが、古いものと新しいものを比較することで、その変遷がおもしろいこともあります。

　学校における地理教育は、大きな曲がり角にきています。小学校では身近な地域・日本地理・世界地理を大まかに学びます。中学でも日本地理と世界地理を小学校のときよりもやや深く学習します。高等学校ではおもに世界地理の自然地理・人文地理・世界地誌などの分野を深く追求します。この小・中・高校の学習に関連性が薄く、構築された学習がなされていないと思います。そのため地理嫌いの人が多い、地理学が社会に果たす役割が希薄だという現実があります。その原因は小学校における地理教育に問題があると考えています。小学校で学ぶ身近な地域とは、住んでいる市町村や長野県です。それを学ぶための入門書などはありませんでしたが、この書籍はそのためにつくられたものです。ただし小学生には難しいですが、先生方に読んでいただき、子どもたちにわかりやすく解説していただきたいと思います。また中学生にも読めるように、やさしく書いたつもりです。

　私も長野県下で30年間あまり教職につかせていただきました。日本地理や世界地理を教えても、常に身近な地域に戻ってしまいます。そこで私は個人的に長野県中を回り、教材になるものを探しました。蚕の繭や綿花、石油、鉄鉱石などです。また果樹や花卉の栽培分布、都市化、工場立地、スキー観光などのレポートをつくる中で長野県の多くのことを学ぶことができました。それを大勢の方に伝えたいというのもこの社会科読本の意図でもあります。

　私たちが生きていくうえで、身近にありながら、なぜどうしてという疑問が多く生まれます。その中で地理という分野を学び、知ることで、見方・考え方が変わることでしょう。この書籍で身近な地理を体得していただき、皆さんが生きていくいろいろな場面で活用していただければと思います。

2020年4月

責任編集　市川正夫

編集責任 ─────────────────────────────────────

市川正夫

(長野大学教授、長野県地理学会会長、日本地理学会、人文地理学会、長野県地理学会、信濃史学会、長野県高等学校地理教育研究会、信州地理研究会)
- ■専門　農業地理・経済地理
- ■著書　『ふしぎ発見！長野県の地理』(しなのき書房)、『日本の屋根 長野県の鉱山と鉱石』(信毎書籍)『信州学　長野と松本のなぜ？』信州教育出版は単著、『日本地誌第6巻首都圏Ⅱ』(朝倉書店)、『長野県の近代遺産』(しなのき書房)ほか共著
- ■分担　Ⅰ第2章気候、Ⅱ第1章農牧業、Ⅱ第5章工業、Ⅱ第6章村落と都市、Ⅱ第7章生活・文化4、Ⅲ第1章北信、Ⅲ第3章中信、Ⅲ第4章南信、Ⅳ第1章長野県の位置と市町村合併、Ⅳ第2章長野県の人口、Ⅳ第3章交通・通信、Ⅳ第4章環境・都市問題、Ⅳ第5章地域開発、Ⅳ第6章長野県の国際化

執筆者 ─────────────────────────────────────

宮本　隆

(日本地理学会、長野県高等学校地理教育研究会会長)
- ■専門　地形学、地理教育
- ■著書　『ニューコンパスノート地理』(とうほう)共著
- ■分担　Ⅰ第3章水資源とくらし、Ⅱ第2章林業、Ⅱ第3章水産業、Ⅱ第4章資源とエネルギー、Ⅲ第2章東信

横山孝夫

(長野県地理学会、長野県高等学校地理教育研究会)
- ■専門　地理教育、環境教育
- ■分担　Ⅱ第7章生活・文化1～3

渡辺敏泰

(長野県地理学会、信州地理研究会)
- ■専門　地形学
- ■著書　『長野県の自然とくらし』(信濃毎日新聞社)ほか共著
- ■分担　Ⅰ第1章地形

小山泰弘

(日本森林学会、長野県地理学会)
- ■専門　森林生態
- ■分担　Ⅱ第2章林業(後半)

浦山佳恵

(日本地理学会、長野県地理学会)
- ■専門　人文地理学
- ■分担　Ⅳ第4章2環境問題②

写真提供・協力
(順不同・敬称略)

市川正夫、大瀬　勉、小山泰弘、関　京子、宮本　隆、横山孝夫、渡辺敏泰、ベラミ人形店、セイコーエプソン株式会社、大日本法令印刷株式会社、東京電力株式会社松本電力所、高瀬川テプコ館、社団法人信州・長野県観光協会、南相木村商工会、小諸商工会議所、中野市農業協同組合、佐久養殖漁業組合、気象庁、国土交通省北陸地方整備局、長野県土木部砂防課、長野県危機管理局、長野県総務部情報統計課、長野県統計協会、長野県林業総合センター育林部、長野県水産試験場佐久支場、長野市立三本柳小学校、諏訪市立城南小学校、上田市商工観光部観光課、松本市安曇支所観光商工課、大町市観光協会、茅野市観光連盟、茅野市産業経済部商業観光課、伊那市教育委員会、飯田市観光課、王滝村総務課、根羽村総務課、善光寺、なべくら高原森の家、NPO法人信越トレイルクラブ

※このほかにも多くの方々に資料提供・ご協力をいただきました。謹んでお礼申し上げます。

令和版 やさしい長野県の教科書　地理
2020 年 6 月 5 日　第 1 刷発行

発行者　林　佳孝　発行所　株式会社しなのき書房
〒 381-2221 長野県長野市青木島町綱島 490-1
TEL026-284-7007 FAX026-284-7779
印刷・製本／大日本法令印刷株式会社

ⓒ Sinanoki Shobou 2020 Printed in Japan　　　　　ISBN 978-4-903002-63-7

※本書の無断転載を禁じます。本書のコピー、スキャン、デジタル化などの無断複製は著作権法上での例
　外を除き禁じられています。
※落丁本、乱丁本はお手数ですが、弊社までお送りください。送料弊社負担にてお取り替えします。

県歌「信濃の国」

作詞　浅井　洌
作曲　北村季晴